“经济学之父”亚当·斯密传

关键生活

Adam Smith: Critical Lives

[英]乔纳森·柯林 —— 著
秦彩萍 —— 译

新世界出版社
NEW WORLD PRESS

Adam Smith by Jonathan Conlin was first published by Reaktion Books, London, UK, 2016, in the Critical Lives series

图书在版编目（CIP）数据

“经济学之父”亚当·斯密传：关键生活 /（英）乔纳森·柯林著；秦彩萍译．-- 北京：新世界出版社，2019.8
ISBN 978-7-5104-6804-9

Ⅰ．①经… Ⅱ．①乔… ②秦… Ⅲ．①亚当·斯密（Adam Smith 1723-1790）—传记 Ⅳ．① K835.615.31

中国版本图书馆 CIP 数据核字（2019）第 121292 号

著作权合同登记号：01-2017-3277

“经济学之父”亚当·斯密传：关键生活

作　　者：（英）乔纳森·柯林
译　　者：秦彩萍
责任编辑：董晶晶
责任印制：王宝根
出版发行：新世界出版社
社　　址：北京西城区百万庄大街 24 号（100037）
发 行 部：（010）6899 5968　（010）6899 8705（传真）
总 编 室：（010）6899 5424　（010）6832 6679（传真）
http://www.nwp.cn
http://www.nwp.com.cn
版 权 部：+8610 6899 6306
版权部电子信箱：nwpcd@sina.com
印　　刷：三河市骏杰印刷有限公司
经　　销：新华书店
开　　本：880mm × 1230mm　1/32
字　　数：160 千字
印　　张：8.25
版　　次：2019 年 8 月第 1 版　2019 年 8 月第 1 次印刷
书　　号：ISBN 978-7-5104-6804-9
定　　价：48.00 元

Contents
目 录

说 明

本书中的所有引文均摘录自《亚当·斯密的作品和书信（格拉斯哥版）》（*The Glasgow Edition of the Works and Correspondence of Adam Smith*）。该系列书籍由R.H.坎贝尔（R.H.Campbell）和A.S.斯金纳（A.S.Skinner）编辑，精装版由牛津大学出版社（Oxford University Press）1975—1987年出版，平装版由自由基金出版社（Liberty Fund Inc.）出版。包括以下分册：

《亚当·斯密书信集》（*Correspondence of Adam Smith*），E.C.莫斯纳（E.C. Mossner）和I.S.罗斯（I.S. Ross）编辑。

《哲学论文集》（*Essays on Philosophical Subjects*），W.P.D.怀特曼（W.P.D.Wightman）、J.C.布赖斯（J.C.

Bryce）和 I.S.罗斯（I.S. Ross）编辑。

《法理学讲义》（*Lectures on Jurisprudence*），R.L. 米克（R.L.Meek）、D.D.拉斐尔（D.D. Raphael）和P.G.斯坦（P.G.Stein）编辑。

《修辞学与美文讲稿》（*Lectures on Rhetoric and Bells Lettres*），J.C.布赖斯（J.C.Bryce）编辑。

《道德情操论》（*The Theory of Moral Sentiments*），A.L.麦克菲 （A.L.Macfie）和 D.D.拉斐尔（D.D.Raphael）编辑。

《国富论》（*An Inquiry into the Nature and Causes of the Wealth of Nations*），威廉·B.托德（William B.Todd）编辑。

引　言

18世纪苏格兰思想家亚当·斯密（1723—1790年）被称为“自由市场经济之父”。然而，与20世纪和21世纪的经济学家不同，他不喜欢写公式，而是喜欢讲故事，讲关于日常交流、生活用具，乃至“琐碎至极”却能道出人类的一些重要本性的小故事（《道德情操论》，17页[①]）。斯密的存世作品源自他在格拉斯哥大学教书时为本科生所写的讲义。尽管苏格兰的教育体制是当时世界上最优秀的体制之一，但若我们回到斯密教授的课堂，仍会震惊于他的听众之年轻。给年龄14—16岁的青少年讲课（上课时间为早上7点半—8点半），是斯密喜欢讲故事的原因之一。

斯密常用的18世纪的散文风格使得阅读他的作品成为一种挑战。他虽然能给十几岁的青少年讲课，但他讲的仿佛是一

① 指英文原版书的页码。下同。——译者注。

种已经消亡的语言。本书将说明，问题不仅在于斯密用词上的变化或者思想上的弱点，也在于我们没有正确地倾听。直到现在，能看懂斯密作品的也只有经济学家和一些哲学家。然而，即使是这些人，也都希望斯密能"使用他们的语言"；斯密没有这样做的时候，他们就会精神涣散，心生沮丧，甚至厌倦。和历史上许多伟大的思想家一样，如果斯密重生，他很可能会对他那些所谓的追随者们以他的名义所做的事情感到震惊，他很可能会烦恼于人们想要把他的"政治经济学"研究（即增加国家财富的最好方法）和他的"道德哲学"（即推行一套基于人性［human nature］的道德准则）区别开来的倾向。1766年，一个听斯密教授讲课的少年将其精辟总结记录如下，表明这些研究是同样必要且相互关联的：

> 要考虑如何增加财富，应考虑富裕和富足的要素，或者什么是一个国家大量拥有的东西。在此之前，还必须考虑人类的自然欲望和需求。人类已经得到了大自然恩赐的、远胜其他物种的理性，以及智慧、艺术、创造力和改良的能力，但在生活的维系和舒适度方面却处于更加无助［和依赖］的境地（《法理学讲义》，333页）。

亚当·斯密的学生听课时可能比画里的学生还要认真。

《听讲座的学者》（*Scholars at a Lecture*），威廉·霍加斯（William Hogarth）作，蚀刻雕刻版画，1736年。

19世纪，经济学家们对斯密的《国富论》（1776年）进行了大幅删减。格拉斯哥版（权威版本，几乎所有引用都出自此版本）的《国富论》有947页。除了出口退税那一章和关于国家公债的源起那一大段漫谈之外，它的可读性很强，比经济思想史上的其他里程碑式作品，例如约翰·梅纳德·凯恩斯（John Maynard Keynes）的《就业、利息与货币通论》（*The General Theory of Employment, Interest and Money*）（1936年），要有趣得多。经济学家们把《国富论》缩减为3页、3个故事，这些故事构成了"亚当·斯密"的思想体系。如果今天的本科生或MBA学生还在研究斯密，这将是他们所能学到的关于斯密的全部。

第一个故事讲述了劳动分工是如何提高生产力的。斯密以制针业为例进行解说：

以微不足道的制针业为例。该行业常因其劳动分工而引起人们的注意；一个没有受过任何行业培训（劳动分工已使其成为一个独特的行业）也不熟悉制针器械（劳动分工可能导致新器械的产生）的工人，即使尽最大的努力，一天也难以做出一枚针来，更别说二十枚

> 了。但是，按该行业现有的运作方式，不仅整体工作是一个特殊的行业，它所分成的许多部门也大多是特殊的职业。第一个工人负责抽金属丝，第二个工人负责拉直，第三个工人负责切断，第四个工人负责削尖，第五个工人负责将顶端磨光以便安装针头；制作针头也有两到三道不同的工序；装针头和把针刷白是不同的工序；甚至将针包进纸里也是一道工序；就这样，制针的重要工作被分成大约十八道不同的工序。[在一个有十名雇员的工厂里，]尽管他们非常穷，缺少必要的器械……尽力而为的话，却能每天制造出价值十二英镑的针。每英镑有四千多枚中等大小的针。所以，这十个人每天能制针四万八千多枚。（《国富论》，14—15页）

斯密的制针厂的故事，提出了几个重要的观点，后面的章节会有所涉及并进行深入的探讨。首先，它提醒我们，将制造业分解成许多小任务的好处早在生产流水线出现之前就已经得到了认可。斯密的著作比亨利·福特（Henry Ford）在底特律工厂引入量产T型车的流水线早了一个半世纪，但他并不认为劳动分工是新生事物。相反，它常常“引起人们的注意”；事人类有悠久的制针历史，这枚来自伊朗西部的青铜铸造的大头针可追溯到公元前2000年。

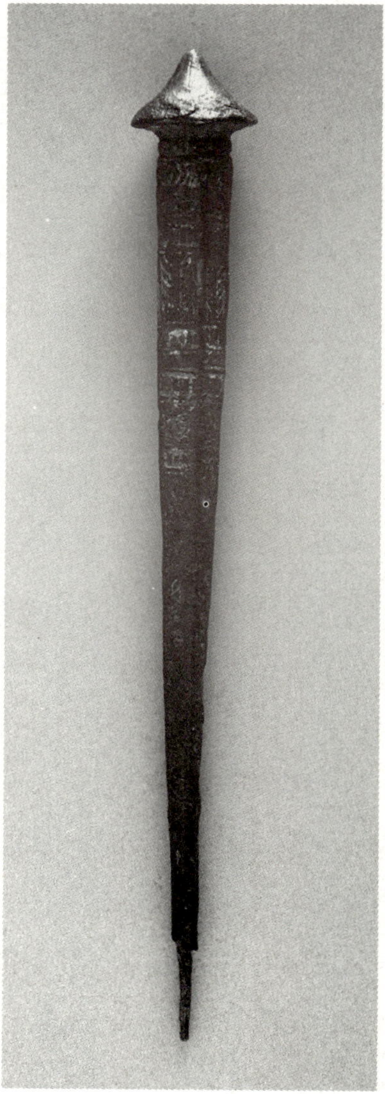

实上，英国哲学家威廉·配第（William Petty）早在17世纪就注意到了这个问题。斯密还说明了劳动分工是如何使机械化成为可能的。在这几段文字里，他描述了工人们如何进行创新，如何改良生产方式或设备以提高生产力。

斯密将人类历史划分为四个阶段，第一个阶段为“猎人时代”。在这一阶段，每个人都必须扮演许多角色——保姆、猎人、采集者、制矛工、陶工、厨师、裁缝等，看似什么都会，其实一无所长，生产力低下，质量也无法保证：衣不蔽体，锅放不稳，肉（如果矛好使的话）也不新鲜。没人有机会在实践中完善技能，因为他们都自给自足。即使他们有足够的时间和材料来研究陶器制作，也没有什么意义，因为一个人一生也用不了多少罐子。

但是，如果每个穴居人都能把自己的劳动所得的剩余部分与他人交换，那么一切都会改变。擅于造长矛者发现，自己制造出更多的长矛，与擅长造锅具和打猎的穴居人交换，就能更快、更好地得到锅、肉和其他必需品，每个人都从中受益。有了更好的武器、老练的猎人和更好的储藏方式，食物供应就变得更加可靠和安全。社群变得更加相互依赖，也因此变得更加强大。这时，向斯密的穴居人发起挑战的部落是愚蠢的，因为不仅他们的食物和武器装备更多更好，而且他们惯于合作，可以更好地交流。这是因为即使没有钱作为媒介，穴居人在产品交换过程中的讨价还价，也促进了他们语言的发展（《道德情操论》，336页）。斯密指出，“没有人见过两只狗用两根骨头进行公平而深思熟虑的交换”（《国富论》，26页）。也没有人见过狗使用语言。对斯密来说，这两个观察结果是相关的。

接下来，我们来讲第二个故事。和制针厂的故事一样，这个故事出现在《国富论》的前几个章节里：

> 我们不是从屠夫、酿酒师以及面包师的善行中得到自己的食物，而是从他们的自利之心中得到的。我们要唤起的不是他们的人性，而是他们的利己之心。不要和他们说我们的需求，说他们所能得到的好处。（《国富论》，26—27页）

这一段通常被解读为支持市场活动中的个体完全受狭义的个人利益所驱使的观点。也就是说，只有当所有人都贪婪地追求个人利益的时候，市场才会起作用。人性（斯密通常以“仁慈”代指）和其他高尚的情操在市场活动中是不存在的，而且理应如此。市场是一个特殊的地方，我们在此间的行为也会有所不同。它可能要求我们暂时忘却我们在其他领域所展现出的高尚情操。这就是经商的代价，与个人恩怨无关。

我们所有人都从市场活动中受益，所以要避免因害怕成为伪君子而过于谨小慎微或惯于说教。超道德资本主义的狂热推崇者们则更进一步，将市场看作是规范行为的来源，一个“真实生活”的发生地，在那里，关于美德和正义的美好言论被压制，我们毫无保留地面对真实的自我。戈登·盖柯（Gordon Gekko）在1987年奥利弗·斯通（Oliver Stone）执导的电影《华尔街》（*Wall Street*）中的那段著名的演讲可以作为一个例证。盖柯游说一家虚构的纸业公司的股东们，希望他们支持他对该公司的恶意收购：

> 重点是，女士们，先生们，贪婪——抱歉我找不到更好的词了——贪婪是好的，贪婪是对的，贪婪是有用的。贪婪理清一切，抽丝剥茧，抓住了进化精神的精髓。贪婪，无论何种形式——对生命、对金钱、对爱情、对知识……，都是人类前进的标志。贪婪，请记住我的话，不

仅能挽救泰达纸业，还能挽救危机重重的美国。

“贪婪是好的”：迈克尔·道格拉斯（Michael Douglas）在奥利弗·斯通执导的电影《华尔街》中饰演戈登·盖柯。

斯密并不赞同这种贪婪的、“狗吃狗”的资本主义（正如我们所看到的，他也不认为狗会对市场有所了解）。这并不是因为他想要逃离市场，或是他没有认识到盖柯所说的“进化精神”。相反，正是因为读了《国富论》，查尔斯·达尔文（Charles Darwin）在19世纪30年代提出了基于自然选择学说的进化论。[1]斯密说，“人性中……以物易物、物物交换的倾向”——所谓交易的本能——是人类有别于其他动物的根本原因（《国富论》，25页）。如果斯密还活着，他会觉得把“市场”作为一个单独领域的想法十分奇怪。市场上的每个人都是“理性的效用最大化者”的假想，是由加里·贝克（Gary Becker）于1976年在其著作《人类行为的经济分析》（*Economic Approaches to Human Behaviour*）中提出的。正如我们所看到的，斯密对我们辨别自己的利益在于何处的能力持高度怀疑的态度。至于“理性”和“效用”，它们是哲学家们研究的字眼，远不能激发你我的行动。

下一个故事不是真正的故事，而是一个角色，或者说身体的一部分，但又是非实体的——看不见的手。在将近1000页的《国富论》中，这只看不见的手仅仅在第456页出现（如果一只看不见的手可以用“出现”来形容）了一次。斯密解释说，每个有钱投资的人都“必然”想把钱投到能产生最大利润的地方。他更愿意把钱投到国内而不是国外，因为这样更容易监管：

所以，每个人都尽可能地运用自己的资本支持国内产业，促进产业发展，使其产品实现最大价值；每个人都必然努力地想要提高社会的年收益。事实上，他既不想促进公共利益的发展，也不关心自己究竟起了多大的作用。他支持国内产业而不是国外产业，只是出于自身利益的考虑；引导产业实现价值最大化，只是为了追求自己的收益。在这种情况下，就像在许多其他情况下一样，他由一只看不见的手引导着去达成一个与他的意图无关的目标。即使是这样，对社会来说，也未必是一件坏事。通过追求自身利益，他往往更有效地促进了社会的发展。我从来不知道那些宣称为了公共利益而交易的人究竟做了多少好事。事实上，这种做作之举在商人中并不常见，所以很少需要用言语来劝阻。（《国富论》，456页）

斯密写道，这种非预期后果法则“在许多其他情况下”也适用。但令人吃惊的是，“看不见的手”只在《国富论》中出现了一次，在他的早期著作《道德情操论》（1759年）中出现了一次，在一篇关于天文学历史的有趣文章中出现了一次。

斯密也是启蒙运动的一员。德国哲学家伊曼努尔·康德（Immanuel Kant）在《什么是启蒙运动？》（*What is Enlightenment?*）（1784年）一文中将“启蒙运动”定义为

“人类从自己强加给自己的不成熟状态中脱离出来”，而“不成熟”则被他定义为“没有别人的指导就无法运用自己的理智”。他提出的这种不成熟是自己强加给自己的说法非常引人注目，因为18世纪的欧洲启蒙运动往往被认为是一种涉及教会、国家、新兴资产阶级、新闻自由、舆论抽象观念的制度安排或政治计划。就像现在一样，当时也往往认为这种不成熟看起来是由别人强加的，而不是个人选择的。然而，康德简要地列举了几种情形，说明不成熟可以是一种选择，并且人们可以理智地做出选择，一点也不难；只不过，把思考外包给别人，可以节省时间、精力，免除烦恼。尽管对人性的分析相当悲观，康德仍对人类的长远未来持乐观态度，他总结道：有了自由，“公众启蒙运动几乎是不可避免的”。[2]斯密则没有那么乐观。如果看到他最观察入微的读者之一于1999年写下了“自由启蒙运动的发生是多么地不可抗拒”，他很可能会像我们一样吃惊。[3]

康德认为我们不仅冒着把思考外包给诸如统治者或牧师这些人的风险，还有外包给“法则和公式”的风险。虽然法则和公式是抽象的、客观的，却同样能解除我们思想上的压力。“法则和公式这种机械性的辅助，与其说是对天赋的合理利

我们会喜欢一只看不见的手吗?

《年轻人亲吻伸过来的手》(*Youth Kissing an Outstretched Hand*)，马可·贝尼菲尔(Marco Benefial)作，红铅粉画，1720年。

用，毋宁说是一种误用，正是它们将人们永远地桎梏于不成熟之中。"康德写道。自诩为亚当·斯密的追随者们已经把这只"看不见的手"变成了这样的枷锁。在游说政府的过程中，商界一再告诫政府不要采取这样或那样的措施，因为它可能会妨碍“看不见的手”。这种盲目崇拜并不仅限于国家监管层面。尽管斯密谨慎地指出，这只“看不见的手”在一个“治理良好的国家”才能发挥神奇的作用，但人们常常把它当作政府的替代品——事实上，当作任何政府的替代品。

斯密认为，“看不见的手”的主要威胁是“商人”，而不是国家。这并不奇怪，因为商人在国家和政治家出现的几个世纪前就开始管制贸易了。在中世纪欧洲成立的规范某一特定行业的公会是一股强大的监管力量，尽管到了斯密的时代，它已经走向没落。每个公会都有自己的办公地点、标志、仪式和内部等级制度。在许多情况下，市政府受制于公会。公会的主要目的是保护贸易或职业的“秘密”不受外界竞争的威胁。中世纪伦敦的制针商们努力于实现其公会的全面管控，他们提供了一种适宜的斯密式的思路。制针商们制定的第一套行业规章可以追溯到1356年。根据这套规章，任何非公会会员在未经“手艺师傅”审核并支付一定费用的情况下，不可在伦敦市区或郊区“持有房产或商铺”，也不可“出售或购买任何与该手艺相关的东西”。只有“师傅”才能收学徒；在周末或工作日的某些特定时间，人们不能工作。女人在任何时候都不能制针，除非她是一个已缴纳会费的“师傅”的妻子或女儿。该手艺的

“管理员”将检查所有的工坊和商品，制造的针质量不合格或“兜售”商品（例如到集市上出售）的师傅会被处以罚金——这些有问题的针也将被没收并熔掉。“管理员”甚至可以对那些在自己的工坊里“公开”工作的人进行罚款，以防“公会以外的人学到他们的职业技能”。[4]师傅不能和其他公会的人合作的规章进一步保护了制针业的“秘密”。

事实上，制针商想要实现公会全面管控的努力不断地受到破坏，无论在外部还是内部。伦敦的制针商从1511年的文字记载中消失了。然而，在一到两个世纪的时间里，他们还是给他们的“秘密”打上了公会所特有的一些民间的、宗教的烙印：人们为他们的守护神点蜡、做弥撒；为“管理员”设宴并置办参加城市游行所需的特殊服装，不管游行是在陆地上举行，还是在泰晤士河上租用的驳船里举行。对公会成员来说，这些仪式无疑使得制针成为一种高贵而非凡的活动。250年后斯密在研究中所观察的苏格兰制针匠想必不是公会的成员，他们难以倾注同样的情感在他们所制造的针上。斯密对“手艺”的丧失不感兴趣，但他非常关注持续而麻木的劳动对工厂工人所造成的伤害。虽然斯密没有使用“异化”这个词，但他对在劳动分工的情况下劳动力成本的描述和19世纪的哲学家卡尔·马克思

（Karl Marx）的观点如出一辙。

对于斯密来说，公会是商人们想要限制竞争、游说国家对资本和劳动力自由市场实施管控以保护自己的一种象征。与公会的限制措施一样，这些管控提高了价格，降低了质量，阻碍了创新，并束缚了资本（包括人力资本，也就是个人的才能和技能）。出于利己主义而对国际贸易实施限制的类似的经济观点被人们称作重商主义。重商主义鼓励国王和王子们评估本国的进出口额，然后通过市场干预创造积极的“贸易平衡”，即对进口产品征收高额关税，给予某些企业或特定形式的生产以“出口奖励金”（直接补贴、税收减免）甚至专卖权，以增加国内生产，进而取代进口产品，为出口提供新产品。

许多声称崇拜斯密的资本家将斯密对重商主义的抨击解读为对国家的抨击，但他们遗漏了一些重要的东西。他们还忽略了斯密对这些人做出的更糟糕的评价——斯密说，商人联合起来制造垄断，然后让政府支持这些垄断，甚至通过军事征服和霸权主义实现扩张。“同一行业的人很少会面，哪怕是为了娱乐和消遣。”斯密指出，“可是一旦会面，必然是抱着阴谋反对公众或是提高价格的目的。”（《国富论》，145页）“统治者的残暴和不公是一种古老的罪恶”，斯密视之为人类天生

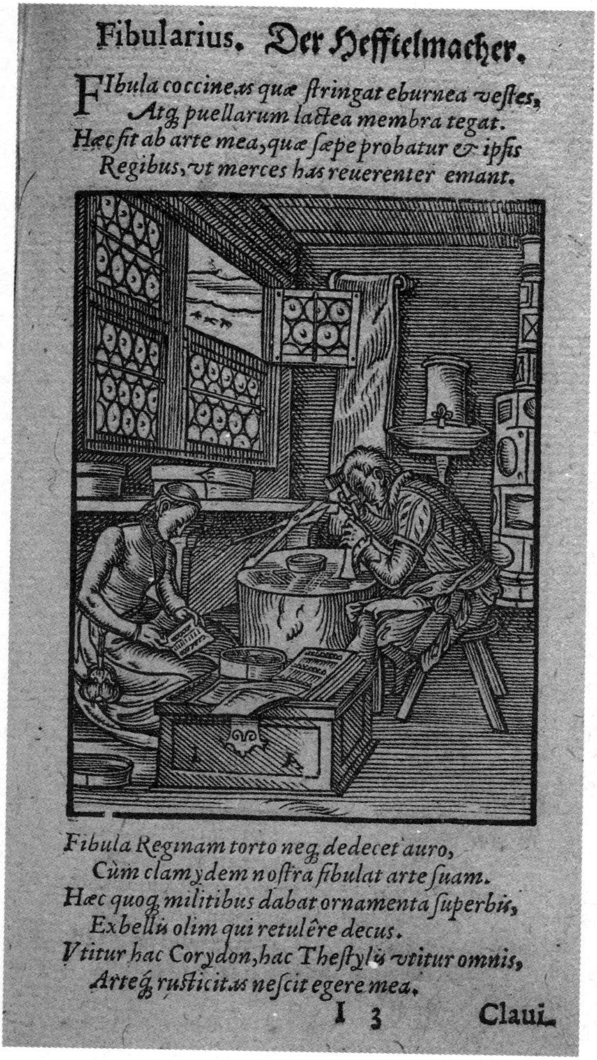

乔斯特·安曼（Jost Amman），《制针者》（*The Pin Maker*），收录在《贸易之书》（*Panoplia omnium illiberalium mechanicarum*）（1569年）里的木版画。

1569年，制针业已经出现了劳动分工：男人制针，他的妻子用纸把针包好。

的一种对专权的热爱，但他认为我们没有理由去承受商人的“垄断精神”所带来的恶果。“商人和制造商们既不是也不应该是人类的统治者，虽然这一点可能无法改变，但他们可恶的贪婪和垄断精神事实上难以扰乱任何人的安宁——除了他们自己。”（《国富论》，493页）公共安宁和经济自由的代价是永远保持警惕，保持对“商人”合理的不信任度。

对于斯密思想的思考挑战了我们对谁或什么是“资本主义者”的先入为主的理解，并常常以令人吃惊的方式。一次又一次地，我们发现斯密并非劝说我们改变惯常的立场，而是希望我们彻底改变整个参照系。在“经济学”领域尤其如此。斯密从不谈及“经济”一词，也不会称自己为“经济学家”。他最接近经济学家的一次是他前往法国（1764—1766年）会见以弗朗斯瓦·魁奈（François Quesnay）为首的一群法国思想家的时候。这些人在今天通常被称为重农学派，但在当时，他们也会被称为“经济学家”。斯密的第一本传记的作者杜格尔德·斯图尔特（Dugald Stewart）（1753—1828年）认为斯密的“有关贸易自由和行业自由的学说”与“法国经济学家”的观点“非常接近”（《哲学论文集》，319页）。尽管斯密在文章里提到这群法国思想家时总是充满敬意，而且原本打算把

《国富论》题献给魁奈，但他对他们以农业为中心的经济观点并不赞同。那时的斯密也不会喜欢被称作经济学家的。

斯密曾在格拉斯哥大学担任逻辑学和道德哲学教授，而非经济学教授，因为经济学直到19世纪后期才成为一门学科。到了19世纪，道德哲学已不像在斯密时代那么热门。高等教育的发展和“科学”被纳入学科的趋势使学者们试着用18世纪以后才出现的学科术语来理解斯密的思想——今天所有想吸引听众或得到晋升的学者都需要流利地掌握这种术语。从某种意义上来说，经济学家和哲学家与“他们的斯密”实现了互动。斯密自己也清楚地意识到，劳动分工不仅将体力劳动与脑力劳动区分开来，“随着社会的进步”，哲学和“猜想”也成为特殊的行业（《国富论》，21页）。

多年来，我们一直重复着一些老掉牙的故事，希望世人借此更全面地理解斯密的思想。相信读者不会介意我讲一个不太熟悉的故事——《穷人的儿子》。

一个年轻人渴望变得富有，他开始憎恨父亲那简陋的小屋，虽然他从小在那里长大。他坚信如果他有一幢大房子和一辆大马车，他会过得更开心，所以他拼命地工作，不断地巴结有权有势的人，终于实现了自己的梦想，成为人上人。

这样表述的话，就显得很老套，这种“白手起家”的传奇故事我们已经听过无数遍了。斯密则是这样讲述这个故事的：

> 上天动怒的时候赋予了穷人的儿子以野心，他环顾四周，开始羡慕起富人的生活来。他发现父亲的屋子太小了，不适合他居住，他觉得他应该舒舒服服地住在豪宅里。他不喜欢走路，也不愿忍受骑马的辛劳；他看到那些高贵的人坐着马车，想象着有了它自己也可以更方便地旅行。他知道自己天生懒惰，不愿多动手，所以认为大量的随从仆人会省掉他许多麻烦。他想，如果他能得到这些，他就会静静地坐着，心满意足地享受他所拥有的幸福和安宁。他对这种遥不可及的幸福着了迷，似乎他命中注定是一个地位优越的人。为了达到这个目的，他从此一心追求财富和名望。为了得到这些东西带来的好处，他在第一年甚至第一个月里经受的身体疼痛和精神不安比他无欲无求过一生所要经受的还要多。

在行将就木回顾一生的时候，穷人的儿子发现自己的努力全都白费了。

> 他也许努力了一生也得不到他想要的优雅和安宁，却因此失去了他本可以拥有的简单的幸福。即使他在年老的时候实现了自己的梦想，也会发现他所放弃的卑微的安全和满足才更加可贵。可惜，此时的他已是年老体衰、疾病缠身，多年来因敌人的不公、朋友的不忠不义而遭受的伤害和失望时时令他心痛，他终于意识到财富和名望只是些无聊的小玩意儿，不比玩具爱好者的收纳箱更能带来身体的舒适和心灵的宁静；而且像收纳箱一样，随身携带反而会带来更多的不便。（《道德情操论》，181页）

《飞黄腾达》是一个很流行的电视节目，在这个节目里，一群雄心壮志的年轻人争夺一份年薪达六位数的工作，获胜者还有机会成为成功商人的学徒。这位成功商人，在英国版中，是阿姆斯特拉德公司的创始人艾伦·休格爵士（Sir Alan Sugar）；在美国版中，是房地产开发商唐纳德·特朗普（Donald Trump）[①]。在接下来的几个星期里，选手们通过

① 即现任美国总统。在本书英文版出版时，唐纳德·特朗普尚未当选美国总统。——译者注。

一系列与商业有关的任务展开竞争。他们以极快的速度经过重重考验，偶尔的停留只是为了在镜头前展示自己的商业头脑和自信。他们对节目中商业智慧远胜众人的成功商人怀有深深的敬意，而这位成功商人只在每期节目的最后出场，乘着直升机或劳斯莱斯来到比赛现场，对选手们给予赞扬或批评——这是

尽管在法语中，物品的式样被称作“必要元素”（*nécessaire*），然而斯密意识到，像1765年法国制作的这种镊子盒却是为了展示奢侈。

希腊剧作家使用的一种情节设计，后来在拉丁语中译为deus ex machina（解围之神）。这位成功商人的“豪宅”和“豪车”被节目非常精心地呈现，（人们不由得怀疑）部分原因是用来分散人们对其实际业务的注意力，这些业务的具体范围和盈利能力并不明晰。

每周的获胜队伍都将得以体验“上层人士”的奢华生活。在美国版《飞黄腾达》的一期节目中，获胜队伍的奖励之一是到位于曼哈顿中城的特朗普大厦参观特朗普公寓。一段脱离剧本的对话打断了节目惯常的节奏——站在大理石和黄金砌成的餐厅里眺望窗外景色时，一位年轻的准学徒问特朗普上一次在这里吃饭是什么时候。特朗普愣了一下回答：“问得好。”他不记得了。虽然他的父亲并不是很穷，他也拥有所有他希望得到的“玩具”，但他发现自己没有办法过一种安逸的生活（“平静地心满意足地坐着，享受安宁”），他失去了最简单、最廉价的快乐：和朋友们一起吃饭。

斯密是要破坏我们的幸福吗？他一定觉得古希腊哲学的斯多葛学派主张的自我否定和自制颇为有趣：他称他们为“英雄和爱国者的学派”（《道德情操论》，60页）。禁欲主义者试图清空自己的所有情感，达到一种无欲无求（apatheia，

“冷漠”一词即是从这个词衍生出来的）、对生活的快乐和痛苦毫不在意的状态。他们往往嘲笑那些追求财富、声望，甚至是最基本的生活享受的人，这些东西在他们眼中毫无价值。禁欲主义者第欧根尼（Diogenes of Sinope）（公元前412—前324年）因生活在坛子或木桶里而著名，他常常想出新的且往往很招摇的贫困生活的方式，对位高权重者示以蔑视。据说，受邀到柏拉图（Plato）家做客的时候，第欧根尼赤裸的脏脚把主人家精美的地毯踩了个遍，他说：“我践踏了柏拉图的骄傲。”“第欧根尼，你装出一副谦卑的样子。”主人简洁地应道，“而这恰恰暴露出你是多么地骄傲。”[5]

斯密认为，我们应该抑制虚荣心和爱炫耀的毛病，但没有必要像禁欲主义者一样远离源自爱和友谊的真正的幸福，或者逃避对声誉、家庭和财务状况的义务。他反对在他年轻的时候盛行的对人性悲观的看法，尤其是德国哲学家塞缪尔·普芬道夫（Samuel von Pufendorf）的观点。普芬道夫是第一批试图以人性的原则为基础建立政府原则（政治科学）的人。和禁欲主义者一样，普芬道夫怀疑商业助长了奢侈和虚荣。受过教育的精英们可能会自觉自愿地尊重道德准则，而其他人则需要通过他们对上帝或者以上帝的名义进行统治的掌权君主的敬畏来实现自我约束。

斯密不想以这种方式摒弃大多数人，也不想把人类的情感看作是人类安全和社会的敌人。斯密意识到，放任这些情绪是有代价的。“我们考虑一下《穷人的儿子》这个故事中那种显而易见的焦虑和疏离感。”穷人的儿子欺骗了自己，但斯密关于“财富增长”历史的论述说明在西欧历史上最伟大的解放（从封建主义转变为商业社会）的背后也存在着类似的错觉。这些错觉促使人类从穴居状态发展到今天我们所处的国家，使我们的生活质量得到了极大的提高，也将我们从封建领主和部落首领的专制统治中解放出来。斯密并非想要清空我们的情感，而是希望我们承认、理解并超越它们。

斯密的一生平淡无奇。他出生在苏格兰法夫郡一个叫寇克卡迪的小镇上，先后求学于格拉斯哥大学和牛津大学。他在格拉斯哥大学任教13年，于1764年辞职前往法国。在法国待了两年，又在伦敦待了几个月后，他回到了苏格兰，出任爱丁堡海关专员，度过了人生最后12年的时光。他和母亲住在一起，终生未娶。他的第一本传记的作者——杜格尔德·斯图尔特猜测他可能曾有过失败的感情经历。他在幼时曾遭遇吉卜赛人绑架并侥幸逃脱的事为他的人生经历增添了些许趣味。[6]我们和这位伟人鲜有相似之处。斯密要求，在他死后，将他所有未发表的笔记和草稿烧毁。作为一个常因不能及时回信而被朋友们揶揄的人，斯密给他的同学和朋友们留下的信件非常少，只有193封，比同时期其他一些重要思想家留存的信件要少得多。

《第欧根尼》（*Diogenes*），约翰·弗里德里希·博尔特（Johann Friedrich Bolt）作，蚀刻版画，1799年。

斯密出生于一个苏格兰长老会家庭，他必须宣誓效忠于教会的教义才有教书的权利。长老会是新教的一个分支，起源于1560年的苏格兰宗教改革，在这次改革中，苏格兰脱离罗马天主教会，苏格兰议会废除了教宗在教会事务方面的管辖权。之后，苏格兰国王（1603—1707年，苏格兰王权和英格兰王权名义上是分离的，但受同一位君主统治）做了诸多努力想让苏格兰的宗教仪式和教会的权力结构与英格兰接轨，却受到了抵制。苏格兰人想要的是长老教会（由非神父的长老、长老会管辖），而非圣公会（由主教、大主教管辖）。1639年，抵制演变成一场全面内战，最后以国王的失败告终。1647年，苏格兰教会采纳了《威斯敏斯特信条》，这套关于上帝、罪孽和恩惠的信条深受16世纪法国神学家约翰·加尔文（John Calvin）的影响。根据加尔文的说法，每个人要么因神的恩惠而得救，要么注定遭受永刑。无论哪一种，他们的命运都是在创世纪之前就由上帝预先决定的。“重生者”（即得救的人或“上帝的选民”）不能拒绝神的恩惠，“未重生者”（即被诅咒的人）也无法逃避诅咒。人性是普遍堕落的；没什么可期待的，除非上帝奇迹般地直接干预。这是一种冷酷的神学。

然而，在格拉斯哥大学求学时，斯密深受其道德哲学教授弗兰西斯·哈奇森（Francis Hutcheson）的影响。哈奇森是阿尔斯特长老会教徒，是长老会所谓的“新光”运动的发起人之一，该运动旨在改变人性与生俱来的、无可救药的恶劣形象。人类不是邪恶无知的昆虫，而是由上帝创造并赋予某种欲望，这种欲望使其能鉴别良好的品行，并意识到这种行为本身是令人愉悦的，而不是简单地作为逃避永刑的手段。哈奇森遭到了“老光”长老派的强烈批评，其观念被指控为异端邪说。他们担心哈奇森将关于正确与错误的行为的讨论，从关于恩惠和罪孽的神学讨论演变成哲学的、世俗的关于善与恶的讨论。对加尔文主义者而言，罪孽和恩惠是人类无法改变和理解的神秘力量，做出正确的选择只是因为服从了上帝的旨意，人类其实根本没的选。关于善与恶的辩论早在基督降生之前就开始了，有亚里士多德（Aristotle）、柏拉图和苏格拉底（Socrates）等古希腊人的著作为证，也因此让人产生怀疑：所有生在基督之前的人显然都没有受过恩惠，只能生活在地狱里，那么我们为何还要听他们的呢？那些思想家们试图为基于人性的道德在神圣审判之外找到依据。这既愚蠢又过于自以为是。

哈奇森认为，人性研究揭示的并非混乱的罪孽，而是由上帝创造的关于“起源”（欲望、本能）的机制，它引导人类做出良好的社交行为。这种机制在美学上是令人愉悦的。上帝希望我们享受思考的过程，作为对正确行为的进一步鼓励。如果我们继续把这些“起源”视为神圣的，把宇宙视为为特定目标设计的，那么关于罪孽和恩惠的讨论，以及善与恶的讨论就可以并行。诚然，对许多基督徒（长老会教徒或非长老会教徒）而言，这种方式是令人烦恼的，因为需要直面世界，而不是读读经文（侧面启示）即可。哈奇森没有从与上帝的直接沟通（上帝启示先知，先知通过经文传递圣言）中获得对良好行为的理解，而是从周围的世界中寻找线索，从而理解上帝的教诲。

这种通过研究天地万物的本质来研究神性的科学被称为“自然神学”，斯密后来授课时讲过。斯密常常说这种或那种情感是“自然”，即造物主，给我们设计的。他自然相信这些情感的设计是出于好意，而宇宙的目的也是培养某些特质，甚至是塑造出一种特殊的社会。但斯密不愿使用“上帝”一词，也没有提到耶稣（连一些非基督徒都会敬为道德导师的人物），让我们琢磨不透这是谁的“好意”。作为一名教授和公众人物，斯密对社会现状表示尊重，而且担心受到自己的朋友戴维·休谟（David Hume）的反教权主义观点的影响。休谟是一位哲学家，许多同时代的人斥责他简直就是一个无神论者。今天的我们很难理解这样的标签在斯密的时代有多么可怕，当时的人们普遍信仰上帝，而无神论者是令人憎恶，甚至令人恐惧的，他们的思想会传染并危及任何与他们接触的人。

因此，长老会的态度和制度的变化贯穿了斯密的一生。苏格兰的宗教情形同样发生了戏剧性的变化，尤其是在斯密于18世纪40年代在牛津大学求学的6年中。《1707年联合法案》（*the 1707 Act of Union*）通过后，苏格兰和英格兰（及威尔士）合并成大不列颠联合王国，议会设在伦敦。英格兰和苏格兰合并后，直到2014年苏格兰独立公投之前，二者的关系日益紧密。这似乎是很自然的事情，对双方的好处也是显而易见的，因此没有太多公开的文字记录。在斯密时代，这一共识还没有成形，不过斯密确信“这次合并可以用来衡量这个国家获得的无限善意”（《亚当·斯密书信集》，68页）。1745年，斯密还在牛津大学的时候，觊觎英国王位的罗马天主教教徒查理·爱德华·斯图亚特（Charles Edward Stuart）（小王位觊觎者，又称“小王子查理”）从流亡地赶往法国，策划了一场旨在推翻乔治二世——新教汉诺威国王乔治一世之子的行动。乔治一世是在议会的支持下于1714年登上英国王位的。

查理在苏格兰登陆后，筹集了一支仍效忠于斯图亚特家族的苏格兰高地氏族军队，向南进军英格兰。在伦敦和英格兰各地引起恐慌之后，查理却泄了气，仓皇撤退，他的军队在1746年4月的卡洛登战役中被英国军队无情地打败了。斯密不是詹姆斯党人（即支持斯图亚特王朝取代汉诺威王朝夺回英国王位的人）。对他来说，英格兰和苏格兰合并带来的经济和文化利益是显而易见的——如此明显，以至于没有必要把它们说出来。即使在1745年以前，斯密的柯卡尔迪口音在南部边境也是不受欢迎的，他大概在牛津大学时就学会了如何弱化自己的口音。1760年国王乔治三世即位后，传言反对者正在酝酿一场会更为成功的入侵。或许是因为受到乔治三世的首相布特勋爵（一位苏格兰人，极其不受欢迎）的鼓动，据说成群贫穷的苏格兰人前往伦敦，偷走了本属于英格兰人的工作。

尽管有着良好的教育背景和卓越的才干，像斯密这样的苏格兰人在英格兰仍要格外小心。在伦敦这样的地方，他们显得更加抱团，常常在查令十字街附近的英国咖啡馆里聚会。恰恰是这一点让英格兰人感觉到，苏格兰人像一个精明的小团体，不遗余力地想要在迅速扩张的大英帝国里抢占一席之地。

然而，斯密和苏格兰启蒙运动的其他代表人物并没有征服英格兰的打算，而是积极参与旨在促进苏格兰“进步”的对双方都有利的对话。作为一个年轻人，斯密自己也从格拉斯哥大学的改革中受益。这一改革旨在使格拉斯哥大学成为培养更多更有

绘有查理·爱德华·斯图亚特画像的陶制大酒碗，1749年。斯密不会加入举起这样的大酒碗为“小王子查理”干杯的群体。

贵族气质，也更“有教养”的精英阶层的地方，而不仅仅是一所长老会神学院。以前，人们似乎满足于用古老的方式经营地产；现在，受这种“进步”精神的影响，像斯密的赞助人巴克勒公爵（the Duke of Buccleuch）这样的大地主开始尝试新的耕作方法、新的基础交通设施（运河）、新的生产资料（工厂，而不是小作坊）以及新的融资方法（银行）。

贸易中心从北海（荷兰共和国和波罗的海）逐渐转移到大西洋沿岸（加勒比海和北美殖民地），这给斯密的家乡（位于苏格兰东海岸的柯卡尔迪）带来了好坏参半的结果，并在18世纪极大地丰富了格拉斯哥的面貌。1745年，苏格兰高地的“野蛮”氏族战败。这些戏剧性的变化使格拉斯哥和苏格兰成为我们所谓“发展”进程中的实际案例，这也正是斯密密切关注的一个问题。如果没有《1707年联合法案》，这些改变就不会发生。

1764—1766年，斯密赴法国担任巴克勒公爵儿子的私人教师，这是他除了去英格兰之外唯一一次出国经历。后经休谟推荐，斯密到巴黎担任英国驻法国大使的秘书，成为杰出的启蒙思想家们主持的沙龙的常客。由于复杂的历史关系、持续的战争和双方在文学与时尚方面的相互迷恋，英国和法国的领军人物们在这一时期有频繁的交流，斯密的作品很快被翻译成法语，这在一定程度上弥补了斯密蹩脚的法语口语的不足。尽管斯密接触了许多法国和瑞士哲学家的思想，例如魁奈和让-雅克·卢梭（Jean-Jacques Rousseau），对他影响最大的却是同为苏格兰人的大卫·休谟（比斯密年长12岁）。他们第一次见面的时间已无从考证，但1750年似乎是一个合理的猜测。在18世纪50年代，休谟发表了大量论文，内容涉及斯密后来提出的一些观点，例如关于休谟提出的所谓“贸易的猜忌”（把贸易当成一种零和博弈而推行“以邻为壑”的策略的重商主义观点）的讨论。休谟的无神论对这段友谊来说是一种考验，斯密因此不得不面对一些棘手的个人选择和职业困境。

虽然斯密没有休谟那么健谈，但他广泛的兴趣、超凡的智慧和幽默感显然赢得了学生们的喜爱，从他留存下来的作品中也能看出他生动的讲话风格和表达技巧。虽然我们这本书的焦点是斯密的思想，但语境以及斯密如何运用修辞来支持他的观点也是很重要的，不容忽视。例如，《道德情操论》缺乏一般性的哲学论述的一些特点：没有总体介绍的绪论，在第七部分（266—342页）之前极少有脚注或对其他哲学家的引用。斯密不愿与其他哲学家较劲，而是希望唤起读者对自己经验的共鸣。正如我们所看到的，他喜欢引用日常生活中的例子。身为斯密朋友的同时代的政治家和思想家埃德蒙·伯克（Edmund Burke）在《年度纪事》的一篇评论中指出：“插图众多而恰如其分，说明作者具有非比寻常的观察能力。语言平实而不失生动，把事物以最丰满的形象展现在你的面前；比起写作，这更像是绘画。”[7]

亚当·斯密的玻璃奖章，詹姆斯·塔西亚（James Tassie）作，1787年。

本书分为六章，主要围绕斯密重要的思想理念展开，同时也追寻了斯密的生活和时代。这种叙述方式的可行性缘于斯密的早成：斯密在早期就勾勒出其道德哲学思想的轮廓，余生主要是改进和尝试不同的修辞方式。第一章介绍斯密的童年、教育经历和1751年受聘为格拉斯哥大学教授之前的事业发展。第二章聚焦18世纪50年代斯密的同情心和情感理论，它们构成了《道德情操论》中所阐述的斯密的伦理学体系的基础。第三章介绍斯密的巴黎之行，对比了他和卢梭对社会发展的历史叙述；离开法国后，斯密回到柯卡尔迪潜心撰写《国富论》。第四章分析了《国富论》中的观点与当时苏格兰和大英帝国所经历的经济危机与帝国危机之间的相互影响。

由于《国富论》的成功，斯密于1778年应邀出任海关专员，搬到了爱丁堡。随着写作任务和海关工作日益繁重，加之深爱的母亲玛格丽特离世，斯密缩减了写作计划来全面修订《道德情操论》。结束语中谈及这些修订，使我们能全面地了解斯密的思想。在介绍了今天的人们是如何看待斯密的正义（justice）理论之后，本书鼓励读者思考斯密超越了道德哲学和政治经济学的成就，因为他实际上提出了一种人类行为模式——一种平衡我们的潜力和不足，把“最好的心灵”与“最好的头脑”结合的方式（《道德情操论》，216页）。

第一章　自然的舞台，1723—1750 年

没有天生的哲学家——至少，斯密是这样认为的。正如他在《道德情操论》中所写的，一名哲学家和“一位普通的街头搬运工”可能是“完全不同的人”，但是，他们在性格、收入和才能上的明显差异“并非是天生的，而是由习惯、风俗和教育经历的不同”造成的。小时候，父母或玩伴很难看出他们之间有什么不同，他们和其他男孩都是一样的。一个男孩成长为哲学家不是因为拥有非凡的大脑，另一个男孩成长为搬运工也不是因为他生来就有强壮的肌肉。哲学家可能会否认这种天生的相似性，坚持认为他之所以成为哲学家，是因为他比搬运工更聪明。但这只是虚荣心在作祟罢了。

它也反映了我们的社会在给人们分配不同的社会等级和职业时，渴望找到一种看起来令人愉悦的效能或适宜性（斯密

称之为“合宜”）。毕竟，我们的职业选择是一系列意外事件——尤其是出身（斯密的时代和我们的时代一样，孩子的未来收入主要取决于父母的收入，而不是自己的“天赋”或才智）——的结果。而这一点不仅伤害了我们的自尊心，还说明我们的社会不像我们所希望的那样井然有序，从而引发了我们的焦虑。我们倾向于认为哲学家和搬运工理应得到他们各自的社会地位。这种虚荣心和对体制的依赖使我们混淆了因果关系。“事实上，不同的人在天赋上的差异比我们想象的小得多。”斯密指出，“不同职业的人具备迥然不同的才能，在许多情况下，与其说是产生劳动分工的原因，不如说是劳动分工导致的结果。”（《国富论》，28页）搬运工有强壮的肌肉，因为他长大以后就开始做这份工作了。如果他有不同的教育经历，专心读书，他就不会锻炼出一身让他看起来像搬运工的肌肉。反观斯密的早年生活，“习惯、习俗和教育经历”似乎真的比“天性”更重要。

斯密于1723年夏出生在苏格兰东海岸的港口城市柯卡尔迪，它隔着福斯河，遥望苏格兰首都爱丁堡。如今，柯卡尔迪的人口为46000人，主要依靠油毡生产发展经济。不过，在斯密小时候，这里的人口要少得多，而且看起来这座城市的鼎

18世纪的一张商业名片，用于宣传科学仪器制造商达德利·亚当斯（Dudley Adams）。

盛时期早已过去了。1334年，柯卡尔迪赢得了开办市场的权利。1644年，查理一世将其封为皇家自治城镇，它由此获得了行政上的独立，从当地封建地主——邓弗姆林的修道院院长的财政剥削和法律管辖中解脱出来。在苏格兰的其他地方，特别是在高地氏族中，这种中世纪的封建土地所有制一直延续到斯密的时代甚至以后。脱离了这些封建束缚，柯卡尔迪一跃成为港口和贸易中心，在北海贸易中蓬勃发展，与荷兰的贸易往来尤为密切。到了18世纪，商业浪潮从东向西，从北海向大西洋转移，交易品也从盐和煤炭转变为烟草、糖及其他由英国在北美迅速扩张的殖民地出口到格拉斯哥（位于苏格兰西海岸）的产品。

1707年苏格兰和英格兰的合并也导致了税收的增加。7年后，位于伦敦的英国议会推选了一位德国王子乔治（汉诺威选帝侯）来继承英国王位。乔治一世与英国几乎没有什么联系，甚至不会说英语，但他至少是新教徒，就像他的绝大多数新臣民一样。还有许多其他更有竞争力的候选人，但他们都因为是罗马天主教徒而失去了继位资格。1715年，王位最主要的角逐者（或称王位觊觎者）詹姆斯·爱德华·斯图亚特（James Edward Stuart）领导他的苏格兰支持者们发动起义。尽管起义失败了，却给柯卡尔迪带来了更严重的混乱和更繁重的税收。1655—1755年，柯卡尔迪的人口减少了一半以上，只有2296人。

然而，随着柯卡尔迪的支柱产业从贸易转向制造业，斯密见证了社会形势的逆转。港口城市的性质加上当地的木材供应，使造船业变得有利可图，而制钉在这里已是一个成熟的产业。从荷兰和波罗的海进口的亚麻，不是通过大型工厂，而是通过家庭手工业制成亚麻制品：在这种“散工制”下，佃农与亚麻“代理商”（厂家）合作，从他们手里领取原材料，用家里的织机生产亚麻制品，并按件计算报酬。1746—1771年，苏格兰的亚麻年产量从550万码增加到了1350万码。[1]随后，开始引进制袜业。在接下来的一个世纪里，亚麻地板的出现为这座城市的油毡生产的兴盛奠定了基础。柯卡尔迪地区发展的是混合经济：除了牧羊业、林业和农业，还有原始工业化（散工制）、工业化（钉子、造船厂），以及本地和国际贸易。柯卡尔迪在经济结构方面的缺憾并不能以它所支持的广泛的经济活动弥补。斯密的父亲对所有这些活动都很清楚——事实上，这是他的工作职责，作为一名柯卡尔迪海关官员的工作职责。

不幸的是，斯密从未见过他的父亲。在儿子出生的5个月前，44岁的老亚当·斯密去世了。斯密只有一个同父异母的兄弟休，是老斯密与第一任妻子所生。休比他大14岁，可能也在海关工作——当时的海关可以说是家族生意，斯密家族还有成员在阿洛厄、蒙特罗斯和亚伯丁的海关工作。[2]休和斯密几乎没有联系。即使他们父子从未相见，两位斯密的职业生涯却惊人地相似：他们都是海关官员，都依赖于贵族的赞助。老斯密是第三代劳登伯爵的秘书，无疑是这位贵人的支持帮助他在1714年得到了柯卡尔迪海关署长的职务；斯密家的其他成员情况类似，他们为更有权势的苏格兰地主阿盖尔公爵工作。1720年，老斯密娶了一位大地主兼国会议员的女儿，进一步增加了自己的财富和人脉。小斯密继承了这些丰厚的资产和人脉资源，在他达到法定年龄，能够管理个人财产之前，这些人是他的财产监护人。

赞助的“习惯和习俗”将服务于传统的苏格兰土地贵族阶层的父子联系了起来。伯爵们和公爵们更支持1707年英格兰与苏格兰合并，而非詹姆斯党人。1746年苏格兰的《世袭管辖权法案》剥夺了他们及同阶层人士剩余的法律权力。不过，在王室委任官员的过程中，这些支持合并的贵族得到了回报。英国王室为他们提供了新的赞助形式，给予他们提名侍从到海关、法院或其他地方性办公机构任职的权力。这些贵族的衣着、口音和举止逐渐变得更加英式，一些人几乎是永久性地定居在南部边境。许多人把目光投向了英格兰，因为他们认为首都的资源和技术是苏格兰经济发展所必需的。到了18世纪70年代，晦涩的方言、服饰，尤其是高地的诗歌传统，开始显得稀奇有趣而受人欢迎，奠定了支撑今日苏格兰旅游业的浪漫形象的基础。然而，在18世纪20年代，他们却是野蛮和可怕的（因为詹姆斯党的缘故）。一项关于 “改良”的新议程诞生了，其旨在在创新和对本土文化的尊重之间找到平衡。斯密父子在此议程中都起到了一定的作用，他们当然不会认为这会有碍他们的苏格兰身份。

除了诸如赞助和爱国主义等“习惯、习俗”，“教育”在青年斯密的成长过程中起到了同样重要的作用。斯密的母亲玛格丽特是斯密的第一任老师，母子关系十分亲密。1723年，柯卡尔迪镇议会建了一所有两间教室的学校，但直到1843年才投入使用。遍布苏格兰的教区学校和大学反映了苏格兰人对教育的尊重，几乎苏格兰所有的父母都愿意为了让孩子上几年学而做出金钱和其他方面的牺牲（例如劳动力缺失——劳动力本身是一种非常有价值的商品）。在学校里，斯密不仅学会了阅读、写作和算术，还学习了拉丁文和一些希腊文。斯密在《国富论》中写道，这种文法学校的课程只教授“普通家庭的孩子”“一点点拉丁文”，不如改教“几何和机械的基础知识”。他指出，很少有行业会用到拉丁文，但是“几乎所有的行业都涉及几何和机械原理”（《国富论》，785—786页）。

青年斯密广泛地阅读了拉丁文和希腊文的古典哲学著作和历史文本。事实上，这是教授这些已不再使用的死语言的全部意义：读懂古典世界，它们的艺术和修辞被认为是人类文明的巅峰，它们的哲学家、政治家和军事领袖令现代世界的一切黯然失色。西欧在15世纪文艺复兴时恢复了这些文化，到了18世纪才开始意识到今人可能超越古人。斯密很可能在柯卡尔迪的时候就已经接触到了斯多葛学派的思想：他的名字出现在一本18世纪版的《纲要》（*Encheiridion*）（由埃皮克提图［Epictetus］的学生阿里安［Arrian］编纂的手册）上。

《纲要》告诉我们，要戒除我们能控制自己的身体、财产或其他外部事物的幻想，因为我们能控制的只有自己的内心。我们通过认识自我，摆脱欲望的奴役，控制情绪（希腊语中的apatheia）来获取真正的自由和安宁（希腊语中的

ataraxia），然后我们就可以随心所欲地扮演“人类世界的一员”（《道德情操论》，140页）。人们往往将斯多葛学派与伊壁鸠鲁学派进行对比，后者也出现在公元前3世纪的希腊，但斯密对它的了解主要是通过阅读公元前1世纪的罗马诗人卢克莱修（Lucretius）的著作。伊壁鸠鲁学派认为人通过追求快乐来实现安宁。尽管“伊壁鸠鲁学派”一词经常被用来形容那些认为享乐是至善之事（享乐主义者）并且纵情狂欢的人，真正的伊壁鸠鲁学派信奉者了解过度放纵的恶果（宿醉、性传播疾病、自我厌恶），因此寻求适度的快乐。他们希望政府建立在“原始契约”的基础上，保护社会成员免受伤害，并允许他们追求快乐。

埃皮克提图、卢克莱修和其他伟大的古代哲学家们是斯密一生的伴侣，大学给了他更多的机会去研究他们的教义。1737年，斯密离开了家乡，进入格拉斯哥大学。这个年纪的男孩上大学并不罕见。多亏了前面提到的与大西洋殖民地的烟草贸易，格拉斯哥不断地发展，尽管它的面积只有爱丁堡的一半，人口却在1755年的时候达到了23500人。今天的格拉斯哥大学矗立在一个维多利亚风格郊区的一个大型哥特复兴建筑群里。在斯密时代，这所大学位于城市的中心，有两个乔治亚风格的方院和一个美丽的花园。斯密在这里待了3年，学习了逻辑学、拉丁文、希腊文、道德哲学、自然哲学和数学方面的课程。这些课程大部分是以拉丁语授课，并且全部课程都要做课前祷告。直到1726年，这所大学才有了神学院，主要是为苏格兰教会培养牧师。同年新增了逻辑学、道德哲学和自然哲学的教授职位，一部分原因是为了提高大学的吸引力，吸引商人和贵族精英的孩子入学；他们有足够的能力支付课程费用，而且不打算担任神职或去法院工作。苏格兰大学并没有为牧师或律师协会提供学徒培训，而是逐渐摸索出一种激发思考和讨论的教育方式。这种学问被定义为"高雅"而非狭义的"有用"。

我们对斯密在格拉斯哥大学的第一次停留知之甚少，但显然他从道德哲学教授弗兰西斯·哈奇森那里学到了很多东西。哈奇森出生在北爱尔兰的道恩镇，1710年，16岁的他来到了格拉斯哥大学。1725年在都柏林创办学院并出版《论美与德性观念的根源》（*Inquiry into the Original of our Ideas of Beauty and Virtue*）后，他于1730年回到格拉斯哥大学任教，发表了《论人类的社会本性》（*The Social Nature of Man*）的就职演说。尽管这次演说是以拉丁语发表和出版的，哈奇森完全支持上文提到的对大学课程进行改革，使之现代化的努力。他是格拉斯哥第一个改用英语授课的教授，并因此收获了大量听众。但是他所持的人性善的“新光”观点激怒了正统的长老会教徒。他似乎在暗示人类可以完成自我救赎，而不必求助于上帝唯一的儿子耶稣；长老会则相信耶稣牺牲自己作为赎罪的完美祭品，拯救了人类。斯密到格拉斯哥大学一年后，哈奇森被带到教会长老面前，被指控背离了苏格兰教会正统观念的基础——1647年的《威斯敏斯特忏悔录》。尽管他

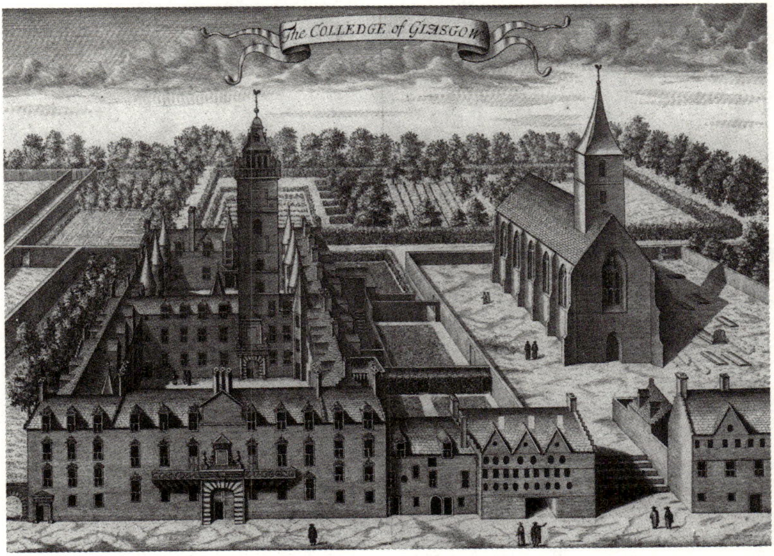

斯密时代的格拉斯哥大学。《格拉斯哥大学》，《苏格兰剧院》（*Theatrum Scotiae*）（1697年）中的一幅雕刻版画，约翰·斯莱泽（John Slezer）作。

没有被定罪，但毫无疑问，这给了他的学生斯密一个教训，那就是教师要保持应有的职业谨慎。1743年，哈奇森的盟友，神学教授威廉·里奇曼（William Leechman）因学生告密而被起诉为异端。

在《论美与德性观念的根源》和就职演说中，哈奇森抨击了那些认为人类的激情把“自然状态”变成了一种可怕的肆意暴力的状态的哲学家和道德学家们。这些思想家所指的“自然状态”是一种社会前的状态，一种制定了某些规则（“原始契约”）以前的人类行为，然后他们进入了一个适当监管的社会。托马斯·霍布斯（Thomas Hobbes）在《利维坦》（*Leviathan*）（1651年）中提出，处于此状态的人类是“孤独的、贫穷的、肮脏的、粗野的、短暂的”。霍布斯的思想影响了塞缪尔·普芬道夫。今天很少有人读过普芬道夫的著作，但在18世纪初期的欧洲，他是最具影响力的哲学家之一。普芬道夫作于1673年的著作《论人和公民在自然法上的义务》（*De officio hominis et civis*）于1691年被安德鲁·图克（Andrew Tooke）译成英文版。截至1789年，该书至少有145个版本和译本。普芬道夫认为，人类行善是出于对神的惩罚的恐惧和对神的奖赏的期望；如果这种以上帝为中心的期望和恐惧被消除，“没有人会去做慈善或友爱的事情，除非有可能得到荣耀或好处”。[3]

没有了上帝，我们在行动之前只会考虑这样做是否符合我们自身的利益。伯纳德·曼德维尔（Bernard Mandeville）在《蜜蜂的寓言》（*The Fable of the Bees*）（1714年）中得出一个合乎逻辑的结论。他用押韵的对句展现了一个丰饶和富足的“天堂”，在这里，所有人的行为都是出于自身利益的考虑。而当“邪恶”被“美德”取代，丰饶和富足就消失了。每个人都满足于自己拥有的东西，而不是不断地追求奢侈品，发展因此停滞；就连慈善活动也停止了，因为曼德维尔坚持认为，慈善行为仅仅是出于对赞美的渴望。“私恶即公利”巧妙地总结了曼德维尔的观点，这一观点例证了哲学思考失控将不可避免引发的堕落，震惊了同时代的人们。

在就职演说中，哈奇森批评了使用“自然状态”一词的思想家们。这是一种“非常令人反感的滥用”，它将这种所谓的状态与“公民社会”对立起来，将“所有人类力量”和“自然欲望”的产物排除在外。这不仅是“对人性的诋毁”，还是对“天父的不敬”，毕竟，是天父赋予了人类“力量”和“欲望”：

> 如果我们关心我们的用词，"自然状态"应该是指人类运用所有的自然欲望和力量的条件，或者人类以最明智的方式运用所有的力量和才能从而实现崛起的最佳条件，这种运用似乎是由一种与生俱来的对幸福最大化的渴望以及人类天性中的仁慈和善良所驱使。

虽然"某些本性和某些欲望"使我们陷入"堕落的状态"（引用《圣经》中所说的堕落），当我们思考"人性结构""公共和仁慈的情感"以及"我们称之为本心的道德感"时，"我们清楚地看到，邪恶不是我们的本性；我们辨别出那些控制和管理较低的欲望的部分"。[4] 在《论激情和感情的本性与表现以及对道德感官的阐明》（1728年）一书中，哈奇森把"道德心"归为"感官"，认为除了五种"外在感官"（视觉、触觉等），人类还有一系列其他的感官："内在感官""公共感官"（分享别人的幸福，分担别人的痛苦）和"道德感官"（感知"自我和他人的善恶"）。[5]通过最后一种感官，我们不需要思考或内省就能够在他人和自己身上感受到善与恶。

人类对于社会的热爱并非源自为自身利益（包括自身安全）而去利用他人的私心，哈奇森指出，人类寻求他人的陪伴只是纯粹为此而已。当然，事实是显而易见的，哈奇森也因陈述这些显而易见的事情而感到难为情。然而，正如他所指出的，包括霍布斯和普芬道夫在内的哲学家们完全忽略了这一点。他特别提到，中世纪经院哲学家试图理解至善（Summum Bonum），却沉溺于抽象繁琐的哲学中，把普通人拒之门外。“他们很少谈及人类的快乐、善良的天性、仁慈、互爱和友谊，也极少写到踏踏实实勤奋工作的世俗问题。”他们的抽象哲学鼓励了“后来的道德家”（例如曼德维尔）将“所有对幸福的追求”从他们自己的思想体系中剔除。他们不考虑人类的感受，只专注于“和平与财富的外在条件”。这是一个严重的疏漏，“因为在和平与财富的大环境下，也会存在沮丧、不满、焦虑以及穷困之苦”。[6]

哈奇森的演说促使斯密将人性视为一个值得研究的课题，一个有着自己的“结构”而非罪恶无序的“堕落”之物。这种“结构”由各种各样的“发条”“欲望”和“部件”组成：哈奇森把“理性”和“道德感官”，以及“兴趣”（关心自己的幸福，包括财务状况）和“情感”视为其中的一部分。这些“部件”是有等级之分的。还有一种“奇妙的自然感染力”，让我们自然而然地与他人分享快乐。[7]这种同理心是斯密思想的中心，正如前面提到的哈奇森的观点，“和平与财富”可以以牺牲安宁为代价来换取。哈奇森还预料到斯密将会否认任何“原始契约”的存在。哈奇森从人性中发现的神圣智慧得到的崇敬，也许是对他那些虔诚听众的一种慰藉，他们清楚地认识到，神的奖赏和惩罚远没有普芬道夫所认为的那么突出。最重要的是，哈奇森教导斯密要脚踏实地地寻找对于我们这些普通人所拥有的“世俗问题”的答案，而且不能忽略人类快乐的共同来源（安宁、友谊），更不能以它们为代价追求经济发展。做个好人和拥有获得幸福的方法是不够的；我们必须培养自己的人性，只有这样我们才能真正地感到自己是个好人并拥有快乐。

斯密在那些年的学业表现一定非常优秀，因为他于1740年获得了奖学金。斯内尔奖学金专门颁发给那些想成为牧师的人，使他们能够前往牛津大学贝利奥尔学院学习。如果奖学金获得者未能进入教会，则须支付一笔高达500英镑（约合今天的43000英镑）的巨额罚款。不过，在斯密的时代，这条规定已经不再强制执行了，也没有证据表明斯密曾经打算成为一名牧师。相反，他的作品似乎不愿意讨论甚至提及上帝，他更倾向于使用“自然的创造者”（《道德情操论》，77页）这样的称谓，耶稣的名字从未出现在他的作品里。遗憾的是，我们对斯密在牛津大学的6年里所做的事情几乎一无所知。1759年《道德情操论》出版后，一个朋友写信告诉斯密，他的作品在苏格兰边境的两侧都深受好评：“英格兰人听说你在牛津大学学习，很是欣慰，他们因此觉得你有一部分属于英格兰。”（《亚当·斯密书信集》，40页）

斯密本人并不承认这种知识父权，他在《国富论》中讨论资助大学的最佳方式时，对牛津大学持强烈批评的态度。如果教授们的收入全部来自捐赠基金（而不是像苏格兰那样，部分来自学生费用），并且他们有自我管理的权利，结果很明显：所有的教授都会玩忽职守。斯密说：“这些年来，牛津大学的大部分公共教授甚至放弃了教学的伪装。”（《国富论》，761页）斯密的观点得到了响应，说明这所大学在18世纪中期达到了知识的最低点。1745年，詹姆斯党人第二次叛乱时一直待在牛津大学里，他们的政治使得贝利奥尔学院丧失了对斯密的吸引力。在贝利奥尔学院之外，斯密受到英格兰人的歧视，在他们眼里，苏格兰移民就是一群野蛮人。因此，除了为斯密提供了一个弱化苏格兰口音的机会之外，牛津大学对斯密的唯一贡献就是图书馆。斯密对古代和现代历史、自然科学、戏剧和诗歌，甚至塞缪尔·理查森（Samuel Richardson）和皮埃尔·德·马里沃（Pierre de Marivaux）的浪漫小说的广泛了解，无疑是在牛津的6年里靠阅读积累起来的。

理查森的小说是斯密学生时代最畅销的小说。在理查森之前，小说或“爱情故事”都与遥远国度里虚构的国王和王后的离奇故事联系在一起，并被指责对年轻、易受影响的读者，尤其是少女产生了不良影响。相比之下，1740年的《帕梅拉》（*Pamela*）和1748年的《克拉丽莎》（*Clarissa*）的故事背景都是当时的英国，所以不仅英国，甚至整个欧洲的读者都很熟悉书中描绘的世界。法国哲学家德尼·狄德罗（Denis Diderot）于1762年为理查森所作的悼词很好地抓住了小说具有帮助读者理解自己的生活经验这一奇妙的功能：

这位作家没有让血从墙上流下来，没有把你送去遥远的国度，没有把你丢给食人族，没有把自己禁锢在灯红酒绿的秘密据点，也从未走进幻想的世界里去。我们生活的

> 世界就是他的故事现场，他的故事是真实的，他的人物是真实的，他的人物来自人类社会，他的事件源自所有文明国家的风俗；他所描绘的情感是我的内心所感受到的；同样的事情触动了他们，我的身上有和他们一样的力量；他的人物遭遇的困难和痛苦也常常威胁着我；他所展示的人生进程正是我所经历的。[8]

理查森在小说类型上的转变，预示着斯密在《道德情操论》中的哲学论述类型的转变。和理查森的小说一样，斯密的情感道德哲学旨在研究“我们生活的世界”，并解析“我的内心感受到的情感”。

《天文学史》（*History of Astronomy*）也许是斯密在牛津时开始动笔的，他一定把它看得很重要，所以没有在1790年将其焚毁。《天文学史》涉及“西方世界”里“所有不同的自然体系”。斯密没有把它描述成从黑暗、迷信和无知到启蒙和真理的进步，而是把真理和真理的主张完全放到一边。他感兴趣的只是“每个［体系］能在多大程度上适应想象力，使大自然呈现更为和谐，也因此更为壮观的景象”（《哲学论文集》，46页）。他不关心哪种模式是真实的；事实上，斯密对

塞缪尔·理查森的小说《克拉丽莎》（*Clarissa*）的1783年法语版中的插图，克莱门特-皮埃尔·马里勒（Clément-Pierre Marillier）和雷米·德尔沃仿（Rémi Delvaux）作。

“错综复杂的本体论科学”，即对存在和现实的本质的研究，一直没有多大兴趣（《国富论》，771页）。《天文学史》并不以实证主义的术语来谈论科学，不把它看成一系列越来越精确地近似于现实的研究，而是把它看作人们对从感官得到的印象和从印象得到的想法施以规律的欲望的产物。

这种欲望并非产生于某个特定的历史时刻（例如“启蒙时代”）或某种特定的文化（西欧“文明”），它存在于世界各地，存在于每个社会时代。《天文学史》记录了一个首要的模式，即我们构建的作为宇宙模型的精神“机器”随着时间的推移变得越来越简单；具有多神信仰或建立在多重力量基础上的物理系统的多神论世界观被简化了。这些机器的数量如此之多，以至于它们接收了大量的人类思想。有些思想领域在今天的许多人看来是相互排斥的——包括神学和自然科学。但即使在道德哲学或经济学学科中，斯密也认识到“对体系的偏爱”会导致我们在试图围绕一个深受重视的想法或概念重建宇宙的过程中过度简化或歪曲事实。

一致性并不是有待发现的自然界性质。一致性和秩序被强加于自然，把一些令人困惑或恐惧的东西变成“一致的”“壮观的”。斯密并没有关于这个主题的著作流传下来，但他似乎对植物学有着浓厚的兴趣，因此，《天文学史》将天文学与其他自然科学区分开来，讨论科学家们将生命形式分门别类的分类学，也就不足为怪了。例如，林奈的二界分类系统将所有生物归类到界、门、纲、目、科、属和种中（由此我们知道人类是智人），从而使千差万别的生物体能清楚地用树状图表示出来。这个“自然”不是自然本身，而是我们人类对自然建立的模型。就像斯密所说，我们最终是在自然的舞台上，而不是在自然本身表现自然。斯密问道，当我们发现一种分类树之外的新物种，或者〔回到天文学上来说，〕发现了一颗新行星，它的轨道不符合已有的太阳系模型，我们该怎么办？我们自诩为优秀科学家，那么我们真的会立即把模型拆开，重新开始吗？

当然不，斯密回答道。科学家通常会选择延展他的模型，以便把这个令人不快的发现挤进去，或者把该生物或发现看作是“自然的游戏”，即一次性的（《哲学论文集》，40页）。如果我们觉得自己快要完成拼图游戏了，却又在沙发后面找到一块并不合适的碎片，大多数人都会有类似的行为：要么把这块碎片挤进最后一个可用的空间，要么悄悄地让它再次“消失”。哥白尼的太阳系模型让位于约翰尼斯·开普勒的模型，因为开普勒观察到了哥白尼的模型无法解释的行星运动的新发现。但正如斯密所指出的，大多数天文学家更倾向于坚持哥白尼的学说，而不是接受自己的感官传达的证据（在这种情况下，指他们亲眼所见的）。他们把“想象出来的想法的一致性”放在第一位（《哲学论文集》，77页）。他们非但没有将开普勒的发现视为改善其思想体系的机会，反而觉得该发现令其蒙羞（《哲学论文集》，86页）。尽管斯密很少得到历史学家或科学哲学家们的肯定，但斯密对于发现的本质（而不是对本质的发现）的理解力是惊人的。一个世纪后，查尔斯·达尔文把林奈的分类体系彻底重排时，遇到更多的也是尴尬而不是热情吧。

1746年，斯密回到了柯卡尔迪，从而可以近距离地接触爱丁堡蓬勃发展的精神和文化生活，主要是一些新的社会团体和公共机构，如哲学学会、择优学会（the Select Society），以及爱丁堡艺术、科学、制造业和农业促进会。尽管斯密与大卫·休谟第一次见面的确切时间尚不清楚，但可以肯定他们之间的亲密友谊始于斯密从英格兰回到家乡后，直到1751年前往格拉斯哥大学任教的那段时间里。休谟出生于爱丁堡，并在此接受教育，和斯密有着相近的社会背景。在经历了某种程度的崩溃之后，休谟搬到了英国的布里斯托尔，然后去往法国，在那里写了《人性论》（*A Treatise of Human Nature*），于1739年和1740年分两部分匿名出版。1741年2月，休谟出版了《道德和政治论文集》（*Essays, Moral and Political*）。休谟有着强烈的哲学使命感——比斯密更加强烈——以及同样强烈的寻求经济独立的权利意识，这种经济独立是实现他的革命目标所必需的：建立一种旨在支持所有其他科学，基于经验和观察之上的“人类科学”。令人愤慨的是，休谟把“自然宗教”并入了这些科学。和其他事物（甚至是自我意识和自己的想法）一样，这种宗教只不过是由我们的情感、感官和“思想”施加给我们的大脑的“印象”（即当我们思考的时候，我们的头脑中所操作的“印象”的影像）所构建的。

休谟对人性的理解与哈奇森类似，同样类似的还有他对早期道德体系和“原始契约”的轻视。休谟认为自己是一个“形而上学者”，而不是“道德家”。在1739年致哈奇森的一封信中，休谟试图为自己受到的对“美德事业的热情”不足的指控辩护。他认为，“任何一种热情的道德情感，恐怕都是抽象推理中的一种慷慨陈词”。不过，他补充道，他打算“进行一场新的尝试”，看“是否能让道德家和形而上学者更好地达成共识”。休谟认为，因果之间的联系是永远无法破解的，而两者之间明显的必然联系只不过是“习惯对想象”的影响；如果过去的经验使我们把“因”和具体的“果”联系在一起，那么很有可能（但不确定）类似的原因会产生类似的效果。[9]“我不能同意你的自然感，”他在给哈奇森的信里继续写道，“它是建立在终极原因之上的；在我看来，这是一种非常不确定的、非哲学的考虑因素。”[10]因此，休谟舍弃了作为他的自然宗教的基础的因果关系，包括作为第一推动力的上帝本身。这一点，再加上“缺乏热情”，他被冠上了非正统的名号，也导致他未能在1744年获得爱丁堡大学的道德哲学教职。毕竟，教授的职责之一就是传授基督教的真理。

休谟在其《人性论》中指出了哈奇森所描述的“感染性”。他写道：“人性中没有比同情他人更卓越的品质，无论是就其自身而言，还是就其作用而言。”这种同情是所有情感的“灵魂”或“有生气的原因”，而不仅仅是在上文引用的哈奇森的演说中提到的令人愉悦的情感。[11]这些情感没有陷入与理性的某种斗争中；相反，理性“是，而且只能是情感的奴隶，只能永远服务和服从于它们”。[12]假定存在一个可以支配情感或者允许我们选择遵循理性的自由意志，也于事无补；这只是另一个“印象”而已。尽管关于这一点有诸多争论，自由意志的概念实际上对“我们那庸俗且大众的思维方式”几乎没有影响。[13]是“习俗”将因果联系在一起，并且对我们的情感施加比同情更大的影响力。不过，休谟确实认为同情解释了我们为什么羡慕富人，以及为什么赞赏为了“社会利益”而采用的规则。[14]

尽管休谟和哈奇森都谈到了让我们感知对与错的道德感，但休谟并不同意哈奇森的观点，他认为我们的正义观也建立在习俗之上，而不是像哈奇森所认为的，建立在对人类的一般善意（仁慈）上。这种对习俗的强调，导致更多地以人类学的方法来研究制度、“哲学历史”以及道德规范如何随着时间的推移而改变。法国法学学者孟德斯鸠（Montesquieu）的《论法的精神》（*The Spirit of the Laws*）（1748年）将法律作为一种产物——并非某个国王或立法者的意志的产物，而是社会的风俗习惯、社会思潮、宗教和精神气质的产物——来研究。斯密在那些年里遇到的一位爱丁堡律师亨利·霍姆（Henry Home）也在他的作品中表达了类似的观点。这位律师于1752年被任命为苏格兰最高民事法院的法官时使用的名字——凯姆斯勋爵（Lord Kames）更为人所熟知。凯姆斯的《关于英国古代史若干问题的论文集》（*Essays on Several Subjects*

Concerning British Antiquities）（1747年）采用了人类发展阶段模型；也就是说，人类社会经历了一系列的阶段（如“封建社会”，这是孟德斯鸠经常使用的一个词），每个阶段都有一系列的法律和习俗。凯姆斯的兴趣广泛，涵盖法律史和自然宗教，以及修辞和美学。他还做了许多实际性的工作，在《苏格兰亚麻产业发展概况》（*Progress of Flax-Husbandry in Scotland*）（1766年）和《绅士农民》（*The Gentleman Farmer*）（1776年）中宣传了苏格兰的亚麻工业和新的作物轮作方法等实用的农业改良举措。

凯姆斯比斯密大27岁，他将斯密招至麾下，邀请他准备两场关于修辞和法学的公开演讲。这两场演讲于1748—1751年在爱丁堡（具体地点不详）发表，不过演讲的文本已遗失。斯密在演讲中关于修辞的一些观点很可能在他于1761年发表的一篇关于语言起源的文章中再次出现，而其关于法学的演讲中的观点可能与1762年他在格拉斯哥大学的授课内容没有太大区别，可以参考学生笔记。在关于语言的讨论中，斯密认为语言源于原始人类的需要，而非上帝的礼物（当时的普遍观点）。在修辞学中，斯密把“合宜”（得体、适合）作为培养口才及纯粹而真挚的风格的最佳指南。既然修辞涉及沟通和说服，它遵循

"人民的习俗构成我们称之为合宜的礼节"（《修辞学与美文讲稿》，5页）。当我们归纳适用于文献和公开演讲的"批评的规则"时，我们找到了"同样适用于对话和行为［以及］写作"的合宜的规则。对合宜的考验在于，我们作为观众，是否会"倾向于同意"或认可演员所表达的"情感"（《修辞学与美文讲稿》，55页）。观众与"演员"产生共鸣的过程，是斯密在《道德情操论》中所表达的道德哲学的核心。

凯姆斯勋爵（左）与律师雨果·阿诺特（Hugo Arnot）及他在爱丁堡的法官同事——蒙博德勋爵（Lord Monboddo），1784年。

1751年10月，斯密被任命为格拉斯哥大学的逻辑学教授。他于1748年发表的关于修辞学的演讲成功地吸引了约100名有影响力的付费听众，所以1749年和1750年，他再次发表了该演讲。凯姆斯想来会因斯密关注“人性本身的影响、情感的影响以及行动的天然活力的影响”而感到高兴——凯姆斯觉得孟德斯鸠对此关注得不够。[15]家庭关系也在格拉斯哥大学的教员任命中发挥了作用。斯密的前监护人——柯卡尔迪商人和地主詹姆斯·奥斯瓦尔德（James Oswald）当时是国会议员，他写信给阿盖尔公爵和其他议员，敦促他们当有任何教授职位开放的时候，记得推荐“一个叫亚当·斯密的人”，并介绍斯密的身份为前阿盖尔公爵的侍从威廉·斯密的表弟。[16]1751年，显然格拉斯哥大学道德哲学教授的职位也出现了空缺，因为哈奇森的继任者托马斯·克雷吉（Thomas Craigie）患病了。休谟希望能得到这一职位，斯密也很期待能有一位杰出的朋友成为他的同事，但他写信给一位朋友说：“恐怕公众会有不同于我的意见，而社群［即大学］的利益要求我们考虑公众的意见。”（《亚当·斯密书信集》，5页）

在做了一段时间的私人教师，并作为外交秘书游历欧洲之后，休谟于1749年回到苏格兰。他发表了更多的文章，出版了

《道德原则研究》（*An Enquiry Concerning the Principles of Morals*）（1751年），这本书精炼了《人性论》中的观点，强调效用是我们进行道德判断的基础。尽管休谟告诉哈奇森，他已经删去了《人性论》中所有可能冒犯正统的东西，但他还是于1744年失去了爱丁堡大学的职位，这使得他在后来的出版物中更加直率地表达自己的观点。在《人类理解研究》（*An Enquiry Concerning Human Understanding*）（1748年）一书中，他似乎认为大多数“神学或经院哲学”的作品只适合用作燃料。休谟没有得到那个职位；事实上，他从来没有在任何大学里担任过教职。而斯密进行了职位“调动”，从逻辑学教授转为道德哲学教授。

斯密对这门“科学”的状况有什么看法呢？虽然《道德情操论》出版于1759年，但是在这里值得先行讨论该书的第七部分。在这一部分，斯密概述了从古典的斯多葛学派和伊壁鸠鲁派到曼德维尔和哈奇森所提出来的不同的“道德哲学体系”。所有这些体系都有可取之处，也都存在不足，很多是因为斯密在《天文学史》中所提到的倾向。“用尽可能少的原理解释一切的倾向”是“人类天生的”，哲学家们尤其容易受到这种影响，因为他们徒劳地喜欢“卖弄才学”（《道德情操论》，299页）。在研究这样的“道德哲学体系”时，斯密写道，我们需要记住两个问题：“首先，美德在于什么？”一些体系认为美德在于“政府”或我们对情感的控制（合宜），另一些体系认为美德在于追求自身利益（审慎），还有一些体系认为美德在于无私地为他人追求幸福（仁慈）。“第二，这种品格，无论是什么，是由头脑中的什么力量或因素推荐给我们的？”也就是说，我们如何做出正确的行为选择？（《道德情操论》，265页）值得注意的是，在使用“正确”和“错误”这样的词语时，斯密并不是指任何事先约定的概念。斯密认为，我们只是把“正确”这个词用在我们认可的“值得称赞”的行为上。我们不因为某种行为是好的而去赞美；相反，因为我们赞美它，所以它是好的（《道德情操论》，165页）。这种认可不是自由意志的产物，它是自然产生的。在接下来的章节中，我们将对此进行更深入的探讨。

斯密首先研究的是“美德在于合宜的体系”。他认为古希腊哲学家亚里士多德关于美德的概念是介于相互对立的恶习之间或基于“适度”习惯的一种中庸之道（《道德情操论》，271页）。他还分析了他所钟爱的斯多葛学派的观点，斯多葛学派主张“照顾自己是每种生物的天性，它们都被赋予了自爱的本能"，这种本能足以令它们做出有益于自己幸福的选择（《道德情操论》，272页）。但是斯多葛学派明白，自我只是浩瀚宇宙中的一个个体，因此在必要的时候，个体的幸福应当服从于整体。遗憾的是，那个时代的暴力行为令斯多葛学派的领军人物高度缺乏安全感，导致他们从恬淡寡欲的生活寻求慰藉，据说，他们甚至提倡愉快的自杀。他们错误地认为"崇高的沉思"是"人生的伟大事业和职业"，而造物主只是把它作为"不幸的慰藉"（《道德情操论》，292页）。所有这些体系的问题在于，它们没有回答斯密的第二个问题：它们没有提供"任何精确或独特的衡量标准，以确定或判断这种情感是否适合或合宜"（《道德情操论》，294页）。斯密认为自己的同情体系可以做到这一点。

接着他写到了审慎，写到了伊壁鸠鲁派，这个派别将任何导致"身体放松……拥有安全或平静的心态"的因素都视为美德。令斯密惊讶的是，尽管众所周知，伊壁鸠鲁是一个善交际的人，但他竟然不知道相比独自享受安逸和快乐，我们对别人的赞美的渴望更加强烈这个明显的事实——"每个心怀善意的人对成为友善、体面、适宜的尊重对象的重视程度超过了爱、尊敬和尊重可以带给我们的所有的安逸和安全。"（《道德情操论》，298页）除非我们得到别人的尊重或喜爱，我们很难从其他任何事情上找到“安宁”。伊壁鸠鲁错误地认为美德除了是幸福的一种手段之外，对我们并没有吸引力；而斯密认为对“美德的自然美” 的审美强化了这一点（《道德情操论》，296、299页）。

接着，斯密研究了认为美德存在于仁慈之中的那些体系。其中获得赞誉最多的是哈奇森的体系：“最深刻的、最独特的、最具哲学性的、最具影响力的、最审慎的以及最明智的”（《道德情操论》，301页）。尽管这个体系很可能促成最高的美德，但它关于“自爱在任何程度或任何方面都不可能是一种有道德的原则”的断言以及把“自我认可”视为“自私的动机”的想法太过苛刻了（《道德情操论》，303页）。斯密反驳说，“对个人幸福和利益的关心……在许多情况下，是非常值得称赞的行动原则”，而“自利动机”使我们养成几种“非常值得称赞的品质”和习惯：节俭、努力、谨慎和深思熟虑地计划（《道德情操论》，304页）。正如斯多葛派所指出的，我们有自我保护的责任。斯密指出，如果一个人不“好好地照料自己的健康、生活或财富”，那么他就会遭到“普遍的责备”——并不是因为缺乏仁慈。

期待容易犯错的、天性软弱的人类追求纯粹的仁慈，不因“自我保护”的念头而做任何妥协，这是不公平的。

> 仁慈也许是神的唯一的行动原则，有几个并非不可能的论据似乎可以说明这一点。很难想象一个不需要任何外物、幸福完全源于自身的独立且完美的神，还会有什么其他的行为动机。但是，不管仁慈是不是神的唯一行动原则，像人类这样需要借助许多外物来维持生存的不完美的生物，一定有许多其他的行为动机。鉴于人类存在的本质，这些情感常常会影响我们的行为，如果它们在任何情况下都不被认为是有道德的或不值得任何人尊重和赞美的，那么人的处境［将是］相当困难的。（《道德情操论》，305页）

哈奇森提出的能让我们感知对错的“道德感官”是荒谬的。我们熟悉的其他感官，并不像哈奇森的道德感官一样，只具有两种品质。毕竟，“谁会称呼视觉为黑或白，听觉为大声或小声，味觉为甜或苦呢？”（《道德情操论》，323页）

尽管斯密把关于曼德维尔的讨论放在了标题为 “放纵”

的体系的部分，从某种程度上说，斯密对曼德维尔的批判与他对哈奇森的批评类似。哈奇森批判所有并非出于普遍的仁慈的行为，但斯密写道：

> 把每一种激情，无论强烈与否、趋势为何，都说成是完全不道德的，这是曼德维尔博士的书中最大的谬误。因此，一切事物，只要与他人的感觉或应有的感觉有关，就被他视为虚荣。通过这种诡辩，他得出了自己最喜欢的结论：个人恶习即公共利益。（《道德情操论》，312—313页）

曼德维尔还忽略了赞美和值得赞美之间的区别，将两者均与虚荣联系在一起。斯密承认，个体行为常常是因为两者的“共同作用”，但他认为，曼德维尔把“所有应归因于对值得赞美的行为的喜爱……归因于对赞美的喜爱”（《道德情操论》，126—127页）的做法是愚蠢的。“做光荣而崇高的事，希望自己成为被尊重和得到认可的人，无论什么情况下都不应称之为虚荣”。（《道德情操论》，309页）我们都谴责那些寻求赞美而不值得赞美的人（他们未能赢得我们的同情），斯密的同情模型得出的判断机制引导我们做出这一选择，该机制总是在检查赞美是不是值得的。斯密在《道德情操论》的前几章对这种同情和判断机制进行了充分的解释，这也是我们将要在下一章讨论的内容。

第二章　旁观者和同情，1751—1763 年

1751年，斯密回到格拉斯哥大学并接替哈奇森成为道德哲学教授。斯密的就职演说（文本已遗失）是用拉丁文写成的，标题为《思想的起源》（*De origine idearum*）。多亏了哈奇森发起的改革，斯密之后的授课可以用英文进行，不过他仍被要求在每节课前做祷告，这显然是他不情愿做的一件事。[1]和哈奇森一样，斯密对学校的管理很感兴趣，像“财务官”一样监督着学校的财务状况并充当院长和校长的角色。因此，他确保了大学图书馆购买由德尼·狄德罗和达朗贝尔（Jean le Rond d'Alembert）主编的著名的法国《百科全书》（*Encyclopédie*）的前七卷，这是欧洲启蒙运动的里程碑式的作品，其中，关于“针”的词条包含了一幅著名的制针厂的雕版插图。1759年，斯密的《道德情操论》出版。斯密因此吸引了启蒙运动的主要思想家们的注意，尤其是在它被翻译成

法语（1764年）和德语（1768年）之后。法国哲学家伏尔泰（Voltaire）写道："我们没有什么可以与他相比，我为我亲爱的同胞们感到惭愧。" 康德问道："德国能把品德写得如此之好的人在哪里？"[2]显然，这些启蒙运动的思想家们对他们的国家"队"在哲学领域的表现表达了爱国主义式的担忧。

教皇却对《道德情操论》不感冒，并把它列入"禁书名单"，也就是罗马天主教徒被禁止阅读的异端或不道德的书籍，此名单在1559—1966年定期更新。斯密可能会认为加入开普勒、休谟、狄德罗、伏尔泰和康德的行列是一种恭维（尽管康德是后来才被列入此名单的）。每本《道德情操论》的价格为6先令，一版印刷了大约1000册，这比休谟的《人性论》要好得多。此后多次再版。学生们从瑞士和俄罗斯来到格拉斯哥大学，在斯密的指导下学习。斯密作为教授的收入部分来自学生缴纳的费用（每堂课1.5个基尼金币），部分来自大学工资；他还有一份收入是为托马斯·菲茨莫里斯（Thomas Fitzmaurice）做私人教师。托马斯是谢尔伯恩家族的第一代伯爵约翰·佩蒂（John Petty）的小儿子，他住在斯密家里，一直在斯密的监督下生活。斯密监管他的零用钱和道德教育，让他学习大学课程，读孟德斯鸠。住在斯密家里的还有斯密的姨母简·道格拉斯（Jane Douglas，她是斯密的管家）和斯密挚爱的母亲玛格丽特。虽然这座城市的文化生活落后于爱丁堡，但在18世纪50年代初，斯密加入甚至帮助成立了一系列新的致力于政治、经济、哲学以及绘画和雕塑等“文雅艺术”的发展的俱乐部和机构。

斯密的课程是在令人痛苦的早上7:30开始的。在一天剩下的时间，他带着一小群学生上指导课，讨论当天早上所讲的内容，以进一步阐明，加强学生们的理解。学生们也得以接触讲台下的斯密，了解他更“私人”的一面。“他非常和蔼可亲，”一个名叫詹姆斯·博斯韦尔（James Boswell）的学生说，“他没有教授身上常见的那种呆板和迂腐。”[3]显然，学生们把斯密教授看作是当地的名人：他的半身塑像在大学附近的商店里有售。[4]

同事约翰·米勒（John Millar）回忆了斯密的道德哲学课程的教学大纲：

> 他的课分为四部分。第一部分讲的是自然神学，讨论了上帝的存在和属性的证明，以及促使宗教产生的人类的思维原则。第二部分讲的是伦理学，主要由他后来发表在

威廉·霍加斯的《哈哈大笑的听众》（*The Laughing Audience*），1735年，雕刻作品。即使不能亲眼看这出戏，看到这幅作品，我们仍会不由自主地微笑。

> 《道德情操论》中的学说组成。在第三部分中，他对与正义相关的道德分支进行了更详细的说明；这一分支有精准的规则，所以能够对其做出完整而具体的解释。
>
> 在这个问题上，他遵循了似乎是由孟德斯鸠提出的计划；追溯从最野蛮的时代到最文明的时代，法理学在公众及个人生活中的发展演进，并指出那些有助于生存和财富累积的艺术在法律和政府中产生的相应的改良或改变的效果……
>
> 在最后一个部分，他研究了那些并非基于正义原则而是基于权宜原则的政治制度，这些制度有助于增加一个国家的财富、权力和繁荣。[5]

第一部分和第三部分已完全遗失，第四部分演变成了《国富论》，而我们在这里讨论的是第二部分。

《道德情操论》中提出的道德哲学体系是建立在同情的基础上的，这一基础即哈奇森所说的 “感染性”，休谟也曾考虑过但并未认为它是最重要的。斯密在《道德情操论》第一部分的开篇解释了同情是如何运作的。今天，同情通常被理解为一种情感或情绪，是对他人的痛苦做出回应的一种人道主义的悲伤，"你没有怜悯之心吗？"和"你没有同情心吗？"似乎是可以互换使用的。虽然我们常常对不快乐的人表示同情，却没有和快乐的人产生共鸣。就其本身而言，同情往往与仁慈有关。对斯密来说，同情不是一种感觉或情感，而是我们感知任一情感、所有情感的方式。我们没有感觉到斯密对他人的同情。通过同情，我们拥有或体会各种各样的情感，斯密认为我们应该用同情"来表示我们对任何一种情感的共鸣"（《道德情操论》，10页）。"共情"（empathy）这个词在斯密的时代并不存在，但在某些情况下，读者可能会发现用这个词更为恰当。例如，把"共情"误认为是一种感觉是不太常见的，"共情"这个词也更为哲学家和科学家们喜爱。不过在这里，我们仍将沿用斯密的语言。

斯密认为同情心是天生的，一个人不需要过禁欲的生活，也不需要进行"崇高的沉思"去获得它，甚至，连不法分子也有同情心：

> 一个人，无论多么自私，他的本性中显然还有一些原则性的东西，使他关心他人的命运，并视他人的幸福为自己得到幸福的必要条件，尽管他从中得不到任何实质性

> 的好处，只能为他人感到高兴而已。这种情感是怜悯或同情，是我们看到或者设身处地地感受他人的痛苦时所涌现出来的情感。我们常常因别人的痛苦而痛苦，这是显而易见的，不需要任何实例来证明；因为这种同情，就像人性中所有其他原始的情感一样，绝不仅仅局限于善良和仁慈的人，虽然他们的情感可能更加细腻。最大的恶棍、最顽固的不法分子，也不会完全丧失这种情感。（《道德情操论》，9页）

我们不应该把同情看作是一种罕见的品质；斯密说，每个人都有一种不必思考就能“感同身受”的能力。

对斯密来说，同情并不意味着感受对方的感受，而是感受当我们处在他人的处境中，我们会有什么样的感受。如果我们能准确地感受对方的感受，那么同情就无法完成斯密所赋予的重要任务，即情感控制：亚里士多德所认为的在可能产生罪恶的过多情感和过少情感之间的良性的“适度”的情感实现。同情有助于把激情“调节”到一个能让群体团结在一起的水平，而不是让群体分崩离析。斯密通过参照我们对死者和精神病患者的同情来说明这一点。虽然死去的人不再或不能感受任何情感，我们把自己置身于他们的"死亡"状态，想象活着（可以这么说）却没有任何感觉。我们发现这很可怕。斯密总结道，这就是我们恐惧死亡的原因。这种恐惧是斯密认为斯多葛学派从容自尽的故事"不可思议"的原因之一（《道德情操论》，285页）。

霍加斯的《浪子的历程》（*A Rake's Progress*）（1735年）的最后一幕：浪子在疯人院里；上流社会的游客们，例如那位拿扇子的女士，来到这里进行情感锻炼。

在斯密的时代，参观诸如伦敦贝斯莱姆皇家医院（被称为“疯人院”）这样的精神病院是一种“高雅”的消遣方式，医院甚至鼓励上流社会人士前来参观，以筹集捐款。尽管可能只是为了凑热闹，游客们往往得以借此机会展示他们的“感受力”：通过给自己的情感（和泪腺）很好的锻炼，向彼此证明自己是如何有同情心（或“通情达理”，即感知情绪的能力）的。亨利・麦肯齐（Henry Mackenzie）的畅销小说《有情之人》（*The Man of Feeling*）（1771年）的主人公来到疯人院，在那里大哭不已。斯密对这种“哭哭啼啼的忧郁的道德家”的滑稽举动没什么兴趣。和亚里士多德一样，斯密认为美德在于行动，而非感受；在于善行（行善），而非善心（祝福）（《道德情操论》，139页）。不过，他认为我们对一个显然很快乐的精神病患者做出的悲伤反应是很有启发性的：

> 这个［精神错乱的］可怜人，也许还笑着哼着歌，完全没有意识到自己的不幸。因此，在看到这种情形时，人所感受到的痛苦，不是对受难者的任何情感的反应。旁观者的同情必定完全来自于他设想自己遇到同样的不幸时会作何感受，不过在那种情况下，他也许根本没有办法以

现在的理性和判断力来思考自己的感受。（《道德情操论》，12页）

因此，与精神病患者打交道时，我们不会与我们认为不合理的情感产生共鸣。我们把自己置于他的处境中，而不是他的思想里。他很快乐，我们很悲伤。

讨论了我们如何评价他人之后，斯密接着讨论我们如何评价自己的行为。斯密认为，我们希望认可自己，而这种对“自我赞同”的热爱即是对美德的热爱（《道德情操论》，117页）。正如我们所看到的，这与哈奇森和曼德维尔的观点截然不同。斯密再次强调了“赞美”和“值得赞美”之间的区别。他说，得到别人的赞美是一回事，知道自己应该得到这样的赞美是另一回事。一部分人渴望得到他人的赞美，而逃避他人的责备。斯密将这样的人称为“缺乏的人”，并指出只有“软弱、虚荣和肤浅的人”才会完全满足于事物在“下级法庭”里表现出的假象（《道德情操论》，130页）。这是因为我们所有人从小就都知道，由于这个世界天然的混乱性，赞美和责备往往给了那些不应得之人（《道德情操论》，62页）。

所以，我们诉诸于“更高一级的法庭”，一个地位更高的法庭，这里的法官能超越表象判断我们是否应该得到赞美或责备，无论我们实际上是否值得赞美或责备："我们……在头脑中设置了一个审判我们自己以及和我们一起生活的人的人……一个非常坦诚和公正的人……一个和我们自己及那些利益受到我们的行为影响的人没有特别关系的人。"（《道德情操论》，129页）这往往需要考虑行为背后的动机，而非行为本身。斯密称这个审判官为"心中之人"或"公正的旁观者"。这个审判官总是和我们在一起，即使我们孤身一人的时候；他的判断对我们的影响要比"下级法庭"大得多。斯密有时会把这位审判官称为"半神"，介于人类法庭和上帝的"再高一级的法庭"之间，他的判断和我们的判断之间存在着"某种程度的隐晦和黑暗"（《道德情操论》，131、129页）。上帝是无所不知的，他的心中只有仁慈，而这个"公正的旁观者"有着人类的局限性和人类的潜力。尽管消息灵通，旁观者也做不到无所不知；尽管"旁观者"的情感可能因"克己自制"而弱化，与上帝不同的是，旁观者拥有人类全部的情感。因此，公正的旁观者不仅是一个中级法庭，不仅是一个"不温不火"的旁观者（既不热情似"火"，又不冷若"冰霜"），他具备上帝所没有的能力。

20世纪80年代，神经生理学家贾科莫·里佐拉蒂（Giacomo Rizzolatti）和维托里奥·加莱塞（Vittorio Gallese）发现了镜像神经元，这表明斯密所说的我们对他人的情感和身体状态产生的反应在某种意义上是天生的。镜像神经元是当我们执行一个动作，或当我们观察到他人执行同一动作的时候，大脑中起作用的神经元。使用功能性核磁共振成像（fMRI）的实验也发现了类似的镜像，涉及快乐、痛苦和厌恶等情绪。当我们感到厌恶时大脑中起作用的区域，在我们看到一个脸上带着厌恶表情的人时，同样会起作用。[6]类似的研究还在进行，其可能的意义还不明确。众所周知，人类的大脑很有“可塑性”，也就是说，它可以在某种意义上重新塑造自己，以适应新的需求。即使镜像神经元和斯密所描述的人类的同情文化之间存在某种关系，也未必是因果关系；即使是因果关系，也未必像我们预期的那样。在我们的灵长类同胞的大脑中也发现了镜像神经元，这可能会迫使我们重新审视斯密对人类和其他动物做出的明确区分。斯密认为，世界只服务于人类社会。虽然休谟认为人类可以对其他物种产生同情，斯密从不考虑这种可能性。[7]他的世界观一贯是以人类为中心的。

理解了情感运作的机制，我们来看看斯密在《道德情操论》第一部分余下的内容里是如何展现人类的全部情感的。与休谟的《人性论》相比，斯密的方式更易于理解。休谟将情感分为印象型情感（能够产生欢乐和痛苦的印象，如饥饿和性欲）、反应型情感（对欢乐和痛苦的反应）、间接情感（骄傲、憎恨）和复合情感（如仁慈）。我们所感受到的往往是几种不同的情感以复杂的方式相互作用，又被一系列二元对立和联系原则所改变的结果。斯密把我们的情感分为四类——“源自身体的情感”“非社会性情感”“社会性情感”和“利己的情感”。然后，他把每一种情感都看作孤立的，休谟认为这是很难实现的。我们可能会期待斯密将社会性情感定义为好的，将利己的情感和非社会性情感定义为不好的，期待他说到绝对真理，说到善与恶。恶是不好的，因为它是不好的，因为我们知道（凭直觉感知）它是不好的。然而，正如前一章所指出的，斯密不相信我们有一种哈奇森式的感知对与错的“道德感”。他对情感进行区分的依据不是它们本身是好是坏，而是公正的旁观者同情它们的程度。

让我们从斯密自己首先探讨的“源自身体的情感”（《道德情操论》，27页）开始这场情感之旅。这类情感包括饥饿和欲望。对这些情感的强烈表达都是“令人讨厌和憎恶

一面由罗伯特·亚当（Robert Adam，和斯密一样，他来自于柯卡尔迪）设计、西沙芬·阿尔肯（Sefferin Alken）雕刻的镜子，1765年。

照照镜子：你看到了什么？

的”。这不是因为它们“粗俗”或“粗野”，而是因为“当我们看到他人表现出这种情感的时候……我们无法与之产生共鸣”，也就是说，我们无法同情他们。正如斯密所指出的，读一个悲剧故事会让我们感到悲伤，但读一个关于饥饿的故事并不会让我们感到饥饿。大量的色情作品可能会令我们质疑斯密关于欲望不能以类似的方式转移的观点是否正确。我们可能认为，我们与在书中或屏幕上享受性爱的人是完全联系在一起的：实际上，我们把自己想象成他们，却没有意识到自己的立场是矛盾的——我们既把自己置身于他人的境况，又留有自己的感官体验。

如果这个人身上有我们认识的人的影子，上述情感就不可能出现了，这也许可以解释为什么看朋友做爱是“令人讨厌和憎恶的”。斯密引用的另一个事实论据是，当这些情感得到满足时，激发情感的对象就“不再是令人愉悦的了，甚至它的存在本身也会令人不快”。这就是斯密之所以说我们在吃完东西以后会把残余物清理掉的原因；他认为，我们会对自己的性伴侣做出同样的事情，“如果他们只能满足我们源自身体的情感需求的话”（《道德情操论》，28页）。换句话说，如果我们对性伴侣没有其他的情感需求，一旦我们得到满足，就会立即逃离他们。威廉·霍加斯的《事后》（*After*）中的那个男人显然想要甩开那个抱着他痛哭流涕的女人，尽管几分钟前（见《事前》[*Before*]）她还在挣扎着要把他赶走。

《事后》，威廉·霍加斯作，刻蚀和雕刻作品，1736年。

身体上的疼痛也难以引起人们的同情，所以我们会减少对它的表达。斯密可能会说，比起囚犯被他人折磨时所受到的痛苦，我们会更同情囚犯在拷问的间隙想象着更糟糕的折磨还在后头时所体会到的恐惧和不确定感。从某种意义上说，他们的自我折磨更加令人同情。不过，痛苦是短暂的，很快就会被遗忘，来自朋友的侮辱则有很大的不同："它所造成的痛苦绝不会随着那句话消失……一想到它，就会觉得烦躁不安、痛苦不已。"（《道德情操论》，29页）尽管很惊人，但这是我们认可的事实。谁还记得5年前摔断胳膊的痛？然而，我们清清楚楚地记得与旧情人的那次争吵，这是非常折磨人的，而且一旦回忆起来，就很难再被遗忘了。

尽管爱情是源自想象而非源自身体，斯密认为爱情是另一种很难让旁观者产生同情的情感。虽然我们可以体会担心自己的爱得不到回应的人的痛苦和忧虑，但我们同时会嘲笑他们关于爱的表达；而那些确实感受到爱的人也往往带着"揶揄和嘲讽"来谈论自己的情感。斯密简洁地解释了这种情况："对他的情人来说，他可能是个很好的伴侣，但对其他任何人来说都并非如此。"（《道德情操论》，31页）这种说法似乎带有轻蔑，而且此时我们能回想起斯密本人似乎没有什么长期伴侣。

奇怪的是，活着的处于热恋中的人和一个死去的人相比，我们更容易同情后者。

“社会性情感”是指公正的旁观者可以轻易地产生共鸣的那些情感——“慷慨、仁慈、善良、怜悯、互相友爱和尊重”。在某种意义上说，它们是加倍出现的，因为“我们既体会到了怀有这些情感的人身上的满足，也体会到了他们给予情感的对象身上的满足”（《道德情操论》，38—39页）。尽管今天的我们倾向于认为“社会”和家庭是截然不同的公共和私人领域，斯密对社会性情感最动人的描述是关于一个由两个父母和多个孩子组成的家庭：

> 我们会以何其愉悦的心情看待这样充满爱与尊重的家庭？父母和孩子是好伙伴，除了对对方的尊重、爱戴、宠爱和宽容，没有任何抵触和分歧；他们的自由自在和互相喜爱，以及彼此间的逗趣和关爱，表明没有任何利益冲突会使兄弟反目，也不会因争宠而致姐妹不和；每个生活细节都透露着和平、快乐、和谐与满足。

尽管从某种意义上说，斯密描述的是一种亲密关系，但这种关系绝非与外界隔绝，“他们的相互关心使他们因为拥有彼此而心生快乐，在这种氛围下产生的同情感，使他们与其他所有人都能和谐相处”（《道德情操论》，39页）。幸福的家庭造就幸福的社会。

“非社会性情感”是令我们难以产生共鸣的情感，包括愤怒、怨恨、忘恩负义和憎恶。一般情况下，我们会抑制这种情感，因为我们知道，除非将其控制好，否则我们根本无法和别人分享这些情感。最后，我们来讨论斯密研究最多的一种情感，这种情感在后面关于资本主义和“看不见的手”的讨论中仍占据主导地位，这就是“利己的情感”。斯密是如何看待介于另外两种情感之间的它呢?

> 除了社会性情感和非社会性情感这两种对立的情感，还有一种情感介于它们之间；它不像有时的［社会性情感］那么优雅，也不像有时的［非社会性情感］那么可憎。当悲伤和快乐是因为我们个人的幸与不幸而发生时，就构成了第三种情感。

这种情感是针对我们自身的，所以判断它们与判断针对他人的情感"幸"与"不幸"的标准不可能完全一致，因为在判断针对他人的情感时，存在一种"双重同情"，也就是说，我们可以既同情行为人，又同情受益人（或受害者）。

在个人"利己的"快乐和悲伤中只有单一的同情，斯密认为它对我们的作用是因人而异的。"一个突然走大运的人，生活水平骤然提高，远超从前。"他说，"可以确定的是，来自他最好的朋友的祝贺也未必是完全真诚的。"（《道德情操论》，40—41页）因此，小的悲伤或大的欢喜通常不会得到太多的同情。如果你的悲伤仅仅是因为"怕老婆"，那么你从朋友们那里得到的顶多是揶揄。人类有一种"恶意"会让他们觉得"小麻烦"很有趣，这就是为什么"我们以开他人的玩笑为乐，以逼迫、催促、逗弄我们的同伴并看他们产生小苦恼为乐"。然而，巨大的悲伤却可以得到更多的同情，"我们甚至会为虚构的悲剧演出哭泣"，斯密（他是一个热情的戏迷）说（《道德情操论》，43、42页）。这是斯密的道德哲学中的一个突出的例子，他解释了为什么我们既喜欢最惨痛的悲剧，也喜欢最常见、最熟悉的"把老婆送给你"之类的喜剧。

和小的悲伤一样，大的欢喜也不会引起多少同情。斯密所说的"走大运"很可能指突然晋升高位之类的事，接着，一大笔意外之财会以高薪的形式随之而来。斯密说，我们已经意识到，其他人很难为我们的晋升感到高兴，所以我们会抑制自己的喜悦——即使是对我们“最好的朋友”。我们只在和我们最亲近的人（例如我们的父母和伴侣）面前表现出我们的欢喜。正如斯密所说，“所谓感情，实际上是一种习惯性的同情”，我们的父母和伴侣是最惯于同情我们的人，因此他们最擅长配合我们的情绪（《道德情操论》，20页）。

我们对情感分享的渴望，让我们更倾向于一步一步地获得高位。因此，暴富并不能带来幸福：

> 如果人类的幸福，正如我所相信的那样，主要来源于被爱的感觉，那么突然走大运对幸福并没有什么帮助。最幸福的人应是逐步走向成功的，在他实现每一步晋升之前，大家早已认定他的晋升是实至名归的，所以晋升不会让他有过度的欢喜，也不会引起被他超越的人的猜忌，或是被他抛在后面的人的妒嫉。（《道德情操论》，41页）

斯密对自己的信念的提及是非常值得注意的。斯密在引入一个戏剧性的形象或类比之前，倾向于使用相当笨拙的语言

（如“如果我可以这样说”，或者更常见的“依我说的话”）来请求读者的许可，好像他要使用一些不雅或非哲学的表达似的。但是，让他进而使用“正如我所相信的那样”的说法，就显得过于自信了。斯密关于暴富的疏远效应的描述，显然是建立在坚信的基础上。因为不能分享暴富给受益人带来的欢喜，朋友们开始疏远她。她难以做到始终保持谦逊以留住老朋友，而对暴发户的不满使她无法在已经很富有的人中找到新的朋友。她涉足两个阵营，但没有一个阵营真正属于她。她无法得到平静。

斯多葛学派对于斯密的启发最明显地体现在他对于平静和心神安宁的评价。正如我们在前一章所指出的，斯密认为斯多葛学派在把“崇高的沉思”和欢愉的自杀看作生命最高贵的追求时，已经昏了头脑。他们有这种思想是因为在他们的时代，政局非常不稳定，只有在死亡或蜷缩在第欧根尼的桶里时才能享受平静。幸运的是，我们生活在相对和平的“商业时代”，平静是触手可及的：

幸福在于平静和快乐。没有平静，就没有快乐；如果内心完全平静，几乎没有什么不令人感到有趣。但在每一种永久性的情况下，由于不会产生变化，每个人的内心，在或长或短的时间里，都会回归到自然和平常的平静状态。在顺境中，一段时间以后，它会回到那种状态；在逆境中，一段时间以后，它也会回到那种状态……人生的痛苦和无序似乎主要来源于高估了各种永久性情况之间的差别。贪婪高估了贫穷和财富之间的差别，野心高估了私人身份和公共地位之间的差别，虚荣高估了默默无闻和声名远播之间的差别。

斯密认为，除了赋予我们同情，从而使我们永远怀有适度的情感而得到平静，大自然还赋予我们对“改善自身状况”的爱，这种爱是不稳定的、令人焦虑的。如果恶果仅仅由雄心勃勃的人去承受，那就太糟糕了。不幸的是，受贪婪、野心和虚荣共同影响的人，不仅“生活上痛苦不堪，还往往会破坏社会的安宁”，因为他违背了“审慎或正义的法则”（《道德情操论》，149页）。

关于“改善自身状况”的野心，有一点是很有意思的。在我们这本书的引言中所引用的“穷人的儿子”的故事中，这位非正统派主角多年来拼命工作以变得富有，因为他认为自己很懒（“好逸恶劳”），而这和他想要过上被仆人精心服侍，自己什么都不用做的生活，其实是互相矛盾的。因为一个真正懒惰的人永远不会像穷人的儿子那样努力；穷人的儿子非但不懒，反而是一个非常忙碌的人。不过，“忙碌”一词在18世纪是带有贬义的，在那时，这个词的含义是：为了一些不重要的事情忧心忡忡、瞎忙乎。斯密对这种“忙碌”一笑置之，就像我们对一个把注意力全集中在“装得满满的”玩具箱上的孩子的态度。正如我们将看到的，“玩具”在斯密的人类历史观中扮演的角色绝非微不足道。

对于“瞎忙乎”的错觉的怀疑总是存在的：

> 世上所有的辛劳和忙碌是为了什么？所有的贪婪和野心，所有对权力、财富和地位的追求又是为了什么？难道是为了获取生活必需品吗？最贫贱的劳动者的工资也可以满足这点要求。他的工资虽然微薄，却足以让他吃穿不愁，还能拥有舒适的房子和温暖的家庭。如果我们细细地审视他的经济状况，就会发现他把一大部分钱用在了看似没有必要的生活便利品上，而且在一些特殊情况下，他甚至会为虚荣或标新立异买单。（《道德情操论》，215页）

这种说法乍一看似乎是不切实际的，但原本以为不可能有变化的“贫困线”持续上移，与最初的水平已相差甚远，无疑说明我们不应忽视这一点。为什么电视机在有些地方被认为是“奢侈品”，而在另一些地方则是“便利品”甚至“必需品”呢？

我们不需要金钱或权力来满足我们的需求。斯密坚持认为富人不会因美食而消化得更好，也不会因豪宅而睡得更安稳。“实际情况往往与之相反，而且事实是如此地明显，以至于即使从未有人明说，也不会有人不知道。”（《道德情操论》，50页）斯密鼓励他的读者们想一想他们认识的富人是怎样的，而不是简单地听信他的话。我们也鼓励读者这样做，不过大量科学研究数据已经表明了斯密的观点是正确的，例如，被广泛认可的伊斯特林悖论。

我们追求金钱和权力，因为我们希望能引起人们的注意——用斯密的话说，就是“被关注”：

> 我们所能获得的全部好处，就是别人带有同情、满意和赞许的注意、关心和关注。事实上，我们在意的是虚

> 荣，而不是安逸或者快乐。但虚荣总是建立在我们成为受关注和被赞许的对象的信念上。富人以自己的财富为荣，因为他觉得财富自然而然地把全世界的目光吸引到了自己的身上，而由他优越的处境很容易激发出来的愉快的情绪也使得人们乐意支持他。想到这一点，他就激动不已，所以，这是他喜欢财富的最重要的原因。（《道德情操论》，50—51页）

然而，“全世界的目光”给富人带来了“约束”和“自由的丧失”（《道德情操论》，51页），他们不仅失去了隐私，还失去了行动的自由。大家想想今天的演员、皇室成员和国家元首们处处受限的生活方式，就会相信这是正确的。

值得注意的是，斯密把富人说成是“观察对象”，把“兴趣”说成“感觉”。道德上的赞同或反对似乎并未涉及，也许是因为这里的观察者不是富人的朋友，而是陌生人。斯密认为，对“大人物”的“公众崇拜”不需要费多大力气，很容易实现，或付出“很小的代价”就可以实现（《道德情操论》，53页）。富人似乎过着一种更高级、更幸福的生活，我们如果能为这种幸福做出哪怕一点点贡献，

一个父亲几乎没能认出打扮时髦的儿子，他的衣着简直是在出洋相。

《呜呼哀哉！这是我的儿子汤姆吗！》（*Grimm, Welladay! Is this My Son Tom!*），卡灵顿·鲍尔斯（Carington Bowles）和塞缪尔·海洛尼莫斯（Samuel Hieronymus）绘，1774年。

就会觉得不胜荣幸。富人定义了我们的穿衣时尚、表达方式，甚至行为方式，就连他们的不良行为似乎也是值得效仿的。事实上，斯密把我们对“有钱有势的人”的崇拜归结为道德情感腐败的“普遍原因”，因为它引导我们去欣赏“财富和伟大”，而不是“智慧和美德”。然而，尽管斯密不愿承认，这个“普遍原因”是“很自然”的，因此也就无可非议了（《道德情操论》，61—62页）。

这种对人类行为的描述在我们看来很奇怪，因为这种羡慕完全没有怨恨和嫉妒的成分。我们的关注不是为了求得施舍或其他恩惠。我们不会觉得他们的幸福是不应得的，或者希望他们栽跟头，而是在观察他们的生活方式的过程中获得同等的快乐，并对他们的财富哪怕是最轻微的波动做出同情的反应，而不会幸灾乐祸。乍一看，似乎有点难以置信，但想想名人崇拜，也就不难理解斯密的观点了。《你好！》（*Hello!*）和《人物》等杂志择取“大人物”的生活中最微细的情节进行展示，并对他们的人际关系展开猜测，在他们或他们的家人被疾病折磨时表达深深的悲痛。外星来客由此会得出一些奇怪的和令人不舒服的（对我们来说）结论。或者，正如斯密所说：

> 一个不了解人性的人，在看到人们冷漠以对比自己地位低的人的不幸，却对比自己地位高的人的痛苦表示遗憾和愤慨，会认为地位高的人必定经受了更多的痛苦，死前的挣扎也必定更加可怕。（《道德情操论》，52页）

斯密试图通过主张我们中的大多数人“过着中下水平的生活”，没有必要模仿大人物的行为，来控制潜在的危害（《道德情操论》，63页）。我们在较低的位置上的成功很大程度上依赖于我们和邻居友好相处的日常习惯，这种说法也还好。但是，这似乎并不能完全消除我们因试图模仿“大人物的行为方式和习惯”而扭曲了道德判断的风险。就这一点而言，斯密的观念远远超出他的时代——那时，破坏宁静生活的名人文化还未出现，只有国王（因出身的高贵）才能享有那种声望。

而同情为我们提供了一种机制，使我们的每种情感都能达到适当的水平，这些情感建立在我们关心彼此幸福的基础上，并不断地得到强化。毫无疑问，这对个人和整个社会都是有益的，因为同情通常使我们降低情感的表达程度。但是，斯密是否主张我们必须学着把真实的情感隐藏在“伪装”之下，是否主张同情使得我们抑制了强烈情感的真实表达？不，他坚持分享情感“会使我们平和”这一观点（《道德情操论》，23页）。斯密在这里用“平和”表示“平静、镇静”。[8]这不是一副我们不愿戴上的面具，我们因他人无法和我们感到同样程度的情感而难过，故而迫切地做出“平和”的样子，因为我们渴望得到被人同情时才会得到的快乐的释放和解脱的感觉。

“主要当事人”意识到，他人的感觉永远不会像自己的“一样强烈”，同时他“热切地盼望得到更全面的同情，他渴望得到这种慰藉”（《道德情操论》，22页）。与他人分享我们的（有些压抑的）情感本身就是一件能带来快乐的事，即使分享的是不愉快的情感，例如悲伤（《道德情操论》，15页）。在实验中，两位女性朋友观看一系列引起“积极情感”的情境照片（幼儿拥抱），也看了引起“中性”情感和“消极”情感的情境照片，证实了“情感的社会分享”可以刺激神经学家所说的大脑中的“奖赏回路”。若在展示照片的同时告知她们，她们的朋友正在观看同样的照片，奖赏回路的反应会更强烈——比在展示照片之前告知她们是独自观看时的反应要强烈得多。无论这些照片会引起“积极”情感还是“消极”情感，与朋友分享的感觉总是好的——哪怕那个朋友躺在另一个房间的核磁共振扫描仪里。[9]

这并不是对“真我”的背叛，因为几乎无法想象一个社会性物种（例如智人）能够独自生活。虽然“一个人可以在人迹罕至的地方，与同类没有任何交流地独自长大”，但没有他人为“镜”，这样的人甚至无法想象自己是具有情感的；他所能想到的只是“外界的物体”（《道德情操论》，110页）。同情不仅令我们的情感趋向“平和”，还“构成”或说“构建”了我们自己、我们的“自我”。[10]我们可能会问，自我能否体验到不能与他人或代表他人的公正的旁观者一起分享的情感?

斯密说，我们对情感展示的合宜性的判断，将情感与其产生的原因联系了起来。不过，在《道德情操论》的第二部分中，斯密讨论了“人类行为举止导致的另一组属性”，它将情感与“情感意欲产生或倾向于产生的有益或有害的结果”联系起来——而不是如前所述，将情感与其产生的原因联系。这不是对合宜或不合宜的理解，而是对功与过、奖励与惩罚的理解（《道德情操论》，67页）。再次强调，同情是一种机制，不过实际情况往往更加复杂，因为我们通常面对的是至少两方：行为人和被行为人（因行为人的行为而受益或受害的人）。我们这些旁观者能在多大程度上同情行为人的动机和被行为人的反应呢？应该得到奖励的“善意的”好的行为，仅仅是那些被接受者给予恰当的感激的行为，是那些“激发了旁观者同情的感激”的行为——旁观者指的是我们这些没有直接参与其中的观察者们（《道德情操论》，78页）。

斯密现在可以探讨“仁慈”和“正义”的概念了，他将这些概念分别和功与过联系起来。仁慈是“随心而发的”，因为我们不强求感恩和回报。忘恩负义的行为可能会让我们失望，并激起我们对这个忘恩负义之人的“厌恶（hatred）”，但“它不能激起会得到人们赞许的愤恨（resentment）”。“厌恶”和“愤恨”之间有显著的差异：后者会令我们产生惩治之心，而且只会由“对某些特定的人造成实质性伤害的行为”引起。正义就是建立在这种愤恨之上的。斯密说，愤恨“似乎是自然赋予我们作防御之用的，而且只能作防御之用。它维护正义，保护无辜”（《道德情操论》，78—79页）。因此，正义不会强制我们施以仁慈。

愤恨同样说明了同情会让我们这些观察者产生与被观察人程度不同，甚至性质完全不同的情感。斯密让我们想象，当看到有人接二连三受到侮辱时，我们会有何感受？斯多葛派学者或者基督徒会说我们赞美受害者；要么因为这个人仅仅把痛苦看成是扰乱其心神安宁的又一次尝试，要么因为这个人“宽容大度”，显然已经原谅了使他痛苦之人。重点研究仁慈的哈奇森则会说，我们为可怜的受害者感到悲伤，并谴责使他痛苦之人。但事实真的如此吗？

> 一个没有骨气、屈服于侮辱，而不去试图反击或报仇雪恨的人是可鄙的。我们不能理解他的冷漠和麻木：他的行为是卑劣的，我们对他有着和对他傲慢的对手一样的愤怒。即使是暴徒，看到任何一个人屈服于这样的侮辱和虐待，也会恼怒不已。他们希望看到有人对这种傲慢报以愤恨，并且希望受害人对它报以愤恨。他们愤怒地向他叫喊着：自卫呀，报仇雪恨呀！如果他最终愤而崛起，他们会由衷地为之鼓掌，并表示同情。这使得他们对对手的愤怒也燃烧了起来，他们很高兴地看到他开始反击，只要他的复仇不过分，他们就好像自己大仇得报一样地开心。（《道德情操论》，34—35页）

而在疯子和死人的例子中，同情实际上引导我们产生可谓是“缺失”的情感（在那些例子中是悲伤，在这个例子里是愤怒）。斯密指出，我们谴责受害者的“麻木不仁”，却不责怪死人或疯子。我们对受害者感到愤怒，而不是为他感到难过。与哈奇森相反，我们显然认为“自我保护”是一个值得称赞的动机。这个人受到谴责是因为他没有照顾好自己，而这是每个人都应该做的。

对于哈奇森和其他与斯密同时代的人，以及今天的许多伦理学家来说，正义在《道德情操论》一书中似乎有些“姗姗来迟”。我们可能同样认为，应该从正义开始讲起。应该是正义把我们引向同情，而不是同情引向正义。通过斯密的同情所获得的公正和仁慈似乎是有限的，而且是受限的。然而，斯密清楚地表明，我们在上述案例中所表现出的对正义的渴望并不是出于对社会福利或同样抽象的关于效用的概念的关注：

> 当一个人被伤害或摧毁时，我们要求严惩对他造成伤害的那些罪行，不是出于对社会整体利益的关注，而是出于对受害人的关心。

因“社会福利”而滋生愤恨，首先要求我们的头脑中有“社会”的概念，然后思考这个抽象的实体会有什么样的感觉或兴趣。

这样的愤恨既耗时，又困难，需要大量的思考。它无法解释我们所有人在愤恨时都感觉到的即时性和力量：“所有人，即使是最愚蠢、最不愿思考的人，”斯密说，“也都痛恨欺诈、背信和不公，并且乐于看到它们受到惩罚。但是，很少有人思考正义对社会存在的必要性，无论这种必要性是多么明显。”我们“对群体的关心”，可能是“由我们对群体里的每个个体的关心所组成的”（《道德情操论》，89—90页）。斯密试图将他的道德哲学植根于日常交流和所有人——“即使是最愚蠢、最不愿思考的人”——普遍具有的本能中。

无论是否受到人类大脑的内部结构的支持，作为这种道德哲学的核心的同情并不完美。同情使我们成为和他们“同样的人”，只不过是“在某种程度上”（《道德情操论》，9页），这是因为即使我们把自己放在别人的立场上，我们仍然保留着一种“私密的觉知”，即感知到情况发生了变化（《道德情操论》，22页）。作为一名创造性的音乐美学思想家，斯密喜欢用音乐作类比：把情感看作声音，把同情看作空气，可能会有所帮助。把闹钟放在玻璃罐中，即使声音有点低沉，你还是能听到铃响；如果把玻璃罐中的空气抽出来，创造真空空间，你可以看到罐子里的闹钟在敲打，却听不到声音了。斯密的同情就好像让情感“发声”或“回响”的空气。我们没有直接听到这些情感，只是听到了它们在另一个人身上产生的“回响”或“反弹”——休谟称之为“同情的双重回响”。[11]

为了让同情起作用，只需要让你的情感和头脑“合拍”，而不是完全一致（用“同一个声音”，也就是同样的音调）。一个感受到某种情感的人：

> 渴望得到心理慰藉，而只有旁观者的情感和他自己的情感完全一致时才有可能实现……他只能压抑自己的情感，使其和旁观者产生共鸣。如果我可以用音乐作比，他必须降低自己的自然音调，以和那些与他有关的人的情感保持和谐一致。他们的感觉，在某些方面，会与他的感觉不同，而同情不可能和原始的悲伤完全一样……然而，这两种情感，显然还是有足够的相互联系以维持社会的和谐。虽然不是完全一致，但能做到和谐，也就够了。（《道德情操论》，22页）

事实上，从某种意义上来说，“失败于”实现完全一致也有好处。齐唱听起来很无聊，和声才是美妙音乐的基础。

第三章　贸易地位，1764—1766 年

1763年11月8日，斯密请辞了格拉斯哥大学道德哲学教授的职务。不久之后，他去了伦敦，见到了第三代巴克勒公爵——17岁的亨利·斯科特（Henry Scott）。1764年2月初，他们穿过英吉利海峡前往法国，在那里一直待到1766年11月。斯密的任务是监督亨利最后几年的教育，让他为1767年达到成年年龄（20岁生日）后要承担的责任做好准备。斯密受雇于亨利的继父——政治家查尔斯·汤森德（Charles Townshend）。汤森德很重视自己作为亨利将要继承的遗产的监护人和受托人的责任。这个家族的很大一部分财富都被亨利的祖父——第二代公爵在英格兰挥霍掉了，他们这种在外地主给苏格兰贵族带来了逃避社会责任的坏名声。

年轻的亨利从来没有去过苏格兰，不过他的家族财富全部来自于苏格兰境内绵延40英里（约64公里）的地产，从纽卡斯

尔顿附近的边境地区向北穿过蒂维厄特河谷、埃特里克森林和塞尔扣克，直至爱丁堡以南四英里（约6公里）的达尔基斯，这也是家族宅第所在地。亨利的祖先在中世纪积累了这些土地财产，先是作为地方军阀从该地区的无法律约束状态中受益，后来（从1550年开始）受皇家任命维护当地的法律和秩序，并成为衰亡的修道院系统的受益人，获得了梅尔罗斯修道院广阔的土地。在斯密看来，从偷羊贼到封建宗族，再到在外的挥霍无度者，是贵族阶层的典型特征。

在斯密的时代，教授的职位是终身的，辅导亨利的工作显然只会持续几年。对斯密来说，这也意味着要远离他的母亲和表亲很长一段时间，待在一个他似乎永远未能学会当地语言的国家。陪同年轻贵族游历欧洲的私人教师通常被称为“领熊巡游者（bearleader）”，这是一种侮辱性的称谓，将他们比作那些带着被锁住的熊从一个集市到另一个集市上表演以赚取小费的人。正如同领熊巡游者，这些陪同贵族旅行的私人教师处于一个模糊的立场上：一方面，他们的工作是监督和管教他们的年轻客户（像一只部分驯服了的熊，不知何时就会横冲直撞，造成破坏性的后果），而另一方面，私人教师的社会地位低下，经济上依赖于这些年轻客户。休谟本希望赚些钱，并完成一些写作工作，但辅导精神失常的第三代安嫩代尔侯爵（Marquess of Annandale）的工作并没有令他得到回报。休谟于1745年被雇佣；第二年，就被侯爵赶了出去。

斯密不认为到法国和意大利进行“游学旅行”会对年轻人产生任何教育价值：

> 在英国，越来越多的年轻人在离开学校后被送去国外旅行，而不是进入大学学习。据说，旅行会让他们得到很大的提升。一个17岁或18岁出国的年轻人，在21岁时回到家，比他出国时的年纪要大3到4岁；这个年龄段的年轻人，在三四年的时间内，很难不会有很大的提升。在他旅行的过程中，他通常会习得一到两种外语知识，然而，这种知识并不足以使他具备很好的说话或写作的能力。回到家中，他往往变得更加自负、没有原则、没有节制、不能专心致志地学习或工作；而如果他一直待在家中，则短时间内不会如此……正因为大学自身的堕落，年轻人外出旅行的荒谬做法才会这么流行（《国富论》，773—774页）。

陪同贵族青年（小熊）进行游学旅行不是胆小的人能够胜任的。
《旅行的总督》（*A Travelling Governour*），阿瑟·庞德（Arthur Pond）和皮耶尔·利昂·盖齐（Pier Leone Ghezzi）作，蚀刻版画，1737年。

在格拉斯哥大学，斯密身为大学教授以及《道德情操论》作者的名声在某种程度上加强了他对大学“堕落”的看法的可信度，有些贵族做出了非同寻常的决定——把自己的儿子送到斯密那里学习，托马斯·菲茨莫里斯甚至让儿子与斯密在一起生活。那么，为什么斯密离开大学，去做亨利·斯科特的私人教师，带他去欧洲旅行呢?

这一提议来自于亨利的继父汤森德——一颗冉冉升起的政坛新星，他在1759年访问爱丁堡的时候给爱丁堡的学术界留下了学识渊博的深刻印象。那个夏天，汤森德去了格拉斯哥大学，见到了斯密，他们很可能在一起讨论过斯密在亨利年纪大一点儿的时候接受这份工作的可能性。汤森德曾计划让亨利随他进入政界，选择斯密是因为他“精通宪法和法律”，“机敏而不会过于细致……全面而不会过于系统化”，汤森德在给亨利的信中提到了这些。[1]酬劳是很丰厚的：在旅行期间，每年500英镑（约合今天的31000英镑）；此外，斯密余生每年都能拿到300英镑（约合今天的19000英镑）的年金。鉴于斯密只有一位年迈的母亲需要供养，斯密足以依靠这份薪水过上舒适的生活。斯密在格拉斯哥大学的收入在一定程度上依赖于学生支付的费用，因此从 150英镑到300英镑不等（约合今天的1

万~2万英镑）。

尽管斯密拜托他的助手托马斯·杨（Thomas Young）讲完了剩下的法学课程，他还是坚持要退还学生们支付的学费，但遭到了学生们的拒绝。一位学生后来回忆道：

> 斯密热情地表达了他的感激之情和他从这些年轻朋友们身上强烈感受到的敬意，接着告诉他们，这是他和他自己的想法之间的事，也告诉他们，除非他做了他自己认为正确和恰当的事，他就无法安心。“你们不要阻拦我去获取这份安心。不，天哪，先生们，你们不会的。”他抓住站在他身旁的一个年轻人的外套，把钱塞进他的口袋里，然后把他从身边推开。其他人看到对这件事提出异议是徒劳的，也就不得不让他走自己的路了。[2]

遗憾的是，在斯密从教13年留存下来的记录里，关于他和学生们相处的描述极其罕见。这段话描绘了一段明显不是例行公事的互动，暗示了一种极不寻常的互敬互爱的师生关系。这也表明，斯密把他的道德哲学付诸行动；虽然他已经履行了教授的职责（学生们上完他们所支付的课程），他发现自己被一个更高、更直接的权威召唤。也就是说，他必须和“他自己的想法”达成和解，似乎可以认为他指的是他的“公正的旁观者”。

斯密和巴克勒公爵在图卢兹安顿下来，在那里住了18个月。斯密选择了这个省会城市，而非巴黎，很可能是因为公爵太年轻，缺乏经验，不宜接触首都的奢靡和罪恶。图卢兹的高等法院有一所很好的图书馆，只是名声不太好。1762年，法院及作为整体的城市都支持对新教商人让·加拉斯（Jean Galas）的合法但不公正的死刑判决（judical murder），他被指控谋杀了自己的儿子以阻止他皈依天主教。当局没能保护这个无辜的人免于狂热的罗马天主教信徒的加害，由此加拉斯事件成为提倡宗教宽容的启蒙运动拥护者们极为关注的案件，尤其是伏尔泰为其大力辩护。1765年，在斯密和巴克勒逗留期间，加拉斯于死后被宣布无罪，而高等法院似乎是以怯懦的顺从来换取自信。它联合法国的其他法院拒绝登记税法，甚至暗示，他们这样做是为了捍卫国家利益免受路易十五的大臣们的专制损害。斯密和巴克勒发现自己在短期内会缺少同伴。这对斯密来说可能不是问题，他很乐意利用这段时间完成《国富论》（也许吧），但巴克勒确实少了练习、精进法语的机会。

巴克勒的弟弟坎贝尔·斯科特（Campbell Scott）过来陪伴他。1765年4月，汤森德同意他们离开。斯密一行前往法国南部、比利牛斯山脉，并在日内瓦待了两个月（他们在那里遇到了伏尔泰），最后于1765年12月抵达巴黎。

监狱里的加拉斯一家没有哭泣；面对迫害和死亡，他们表现出自制力。

《不幸的加拉斯一家》（*La Malheureuse Famille Calas*），让-巴普蒂斯特·德拉福斯（Jean-Baptiste Delafosse）和路易斯·卡蒙泰勒（Louis Carmontelle）作，蚀刻雕刻版画，1765年。

在巴黎，斯密见识到了这个城市极其丰富而又与格拉斯哥大学和爱丁堡大学截然不同的精神生活。最明显的区别是，这里是异质性社会（heterosocial），而不是同质性社会（homosocial）。在英国，讨论礼仪、道德和其他科学猜想是在咖啡馆里进行的，在场的唯一女性是负责下单和收钱的服务员，她坐在房间一侧的封闭的座椅上，时不时会有顾客向她献殷勤。而在这里，男性俱乐部每周或每月举办一次聚会。就像理查德·斯梯尔（Richard Steele）和约瑟夫·艾迪生（Joseph Addison）在他们合办的杂志《旁观者》（*The Spectator*）（1711—1712年，在斯密父亲的藏书中有一版）中所虚构的俱乐部那样，中产阶级的商人、专业人士和贵族成员在这里以一种自由而简单的方式分享他们的观点，即使没有什么想法，大量的报纸和小册子也可供他们参考和讨论。尽管在伦敦有少数女性专属的俱乐部，但她们通常是被拒之门外的。虽然人们认为女性参与家庭里的餐桌讨论是很重要的，但她们几乎没有引导话题或表达自己的观点的自由。对于年轻女孩的父母来说，谈话是一种艺术，就像弹钢琴或画水彩画，女儿学习这门艺术不是为了表达自我，而是为了让自己看起来很时尚，从而得以嫁给一个有钱的丈夫。

在巴黎，知识分子聚集在恩维尔伯爵夫人（Duchesse d'Enville）这样的贵族女性们主持的沙龙里高谈阔论。这些女性饱读诗书，无惧探讨那些英国女性被完全禁止讨论的话题，如自然神论。多亏了伏尔泰和孟德斯鸠等哲学家的著作，英国的宗教活动、法律、社会规范，尤其是英国宪法这个有趣的东西，在这里都是十分流行的话题。英国哲学家在18世纪60年代是非常受欢迎的。1763年，《巴黎条约》的签订结束了英国和法国之间长达7年的战争。许多法国人都震惊于英国这样的小国，人口少，政权是“混合型”的（部分是君主政治，部分是贵族政治，部分是民主政治）而且明显不稳定，却不仅在欧洲战场，还在加拿大、西非和印度战场上如此彻底地击败了法国。沙龙女士们对盎格鲁（其实也包括苏格兰文化）的狂热因一种爱国情怀而变得更加强烈，她们想要了解这个对手的体制是如何利用更少的人口和商业财富在全球范围内发挥影响力的。

然而，这种知识的资助是有局限性的。一些沙龙的女主人热衷于展现她们的智力，她们更感兴趣于与最新锐的思想家联系在一起，而不是去探索他们的想法除了新奇之外还有什么可取之处。而对于那些跻身时尚圈的人来说，回报是丰厚的。

这些女性不仅为新书出版或翻译提供资金，还能确保出版后在富人阶层和有影响力的人物中畅销。她们可以轻松地进入凡尔赛宫，逢迎于路易十五的宫廷中最上流的圈子。她们的赞美往往是谄媚夸张的，在某些情况下，还会进一步给予性方面的恩惠，以一种特别不同的令人愉快的方式。但就像所有的时尚潮流一样，知识分子的品味变得很快。对于这些贵族来说，“忘记”自己的身份，尊重哲学家和诗人，忽略他们卑微的社会地位，似乎是一种时尚。这些贵族可能不会认真地对待精英主义的概念和商业贵族阶级（与英国贵族不同，法国贵族被禁止从事贸易）。那些相信表面现象或有过多猜想的思想家们，很快就会发现等级上的差异仍然很重要，例如弗尔雷维克监狱和巴士底狱这些皇家监狱就是最后的提醒：法国是一个绝对的君主政体。18世纪60年代，关于财政改革的小册子的几位制作者因一封带有封印的密信（一种法庭无法提出异议的皇家执行令）而被立即逮捕，并丢进这些监狱。

斯密旅行的时候，他的朋友大卫·休谟在巴黎担任英国大使赫特福德勋爵（Lord Hertford）的秘书。休谟为在巴黎和凡尔赛宫所受到的关注冲昏了头脑，他在给斯密的信中写到他的感慨：“几年前，在爱丁堡对我爱理不理的人和现在在巴黎如此热烈地欢迎我的人"是同一群人吗？（《亚当·斯密书信集》，97页）。1765年，休谟提出要在巴黎定居，斯密当即建议他不要这样做。尽管法国人"自诩仁慈和礼貌"，但斯密发现他们的友谊是不可靠的。"他们生活在这么大的社会里，感情已经被各种各样的事物稀释掉了，他们可以给任何人的只有很小的一部分了。"他相信，"那些想让你和他们一起生活的王公们和女士们" 不是真的喜欢你，而是"喜欢一个杰出的人物居住在他们的府邸里所带来的虚荣"（《亚当·斯密书信集》，108页）。休谟差点儿就成了这些法国贵族们笼中的"金丝雀"。

这并不是说斯密没有因为他在法国见到的思想家而感到兴奋和鼓舞，没有因为人们对他和《道德情操论》的关注而感到高兴。1764年，《道德情操论》首次被翻译成法语版，译名为《灵魂的形而上学》（*La Métaphysique de l'âme*），译者是马克·安东尼·埃杜斯（Marc-Antoine Eidous），这个版本翻译得相当糟糕。休谟声称，路易十五的情妇——博学而有权势的蓬帕杜夫人读过这个译本。[3]斯密似乎特别喜欢经济学家，即聚集在皇家医生弗朗斯瓦·魁奈周围、研究政治经济学的那群思想家。魁奈早在18世纪50年代就写了关于谷物贸易的

大卫·休谟穿着一件镶金边的外套，看起来很高兴。
《大卫·休谟》（*David Hume*），大卫·马丁（David Martin）和艾伦·拉姆齐（Allan Ramsay）作，铜版雕刻，1767年。

文章，斯密可能在见到他之前就看过他在狄德罗和达朗贝尔主编的百科全书里所写的关于“农民”和“谷物”的词条。

魁奈认为农业是国家财富的唯一来源。农业的产出超过投入，而贸易和制造业不会带来任何附加值：在贸易和制造业中，你只能得到你投入的东西。魁奈制作了一张“经济表”，研究农业、制造业和贸易之间的资本流动，据称展现了整个法国经济的全貌。他在见到斯密的时候，已经把这张表修订完毕，并准备出一本书《重农主义》（*Physiocratie*），这个书名使他和他的追随者们有了一个更为人熟知的名字：重农主义者。

专制君主担心面包短缺会导致国内动乱这一政治原因，造成了法国的谷物贸易受到严格的监管。魁奈主张消除阻碍谷物自由贸易的壁垒，并强烈呼吁彻底简化法国的税收制度，对土地实行单一的“皇家什一税”，取代几个世纪以来形成的各地标准不同的税费系统。考虑到最大的土地拥有者（罗马天主教教会和贵族）所享受的税收优惠，以及传统的以货代款的封建税费支付形式（在某些情况下，是以一年劳动很多天代替缴纳税费），这必定是颇具争议的——这不仅是一场财政革命，也是一场社会革命。魁奈承认这一点，但他轻松地说，可以通过

“合法专制”消除所有的阻力。与他创作“经济表”的用意一样，魁奈和重农主义者们试图展示他们声称能创造财富的简单机制。这是上层看待经济的一个很好的例子，技术官僚们指望国王将他们的举措强加于所有的人民。

重农学派主张开明专制：实行自由放任（laissez-faire，该词据说是由重农主义者雅克·文森特·德·古尔内［Jacques Vincent de Gournay］创造的）的政策解放国王的臣民，然而使用的却是独裁手段（皇家法令和监督官），毫不在意受该政策影响的人可能还认识不到自己或整个社会将如何从中受益。在法国君主制加速灭亡的多舛命途中，谷物贸易自由化被普通民众误认为是他们的国王“父亲”为了令这批新生的谷物投机者提高利润，帮助其快速致富而撤去对他们的保护的一个实例（人们开始对国王绝不会允许自己的人民挨饿这一普遍的信念产生怀疑）。在一场名为“谷物战争”的内乱中，甚至出现了指责国王自己已成为谷物投机者的标语牌。[4]

斯密在重农主义者中发现了一群与自己志趣相投的人，他们都对整体经济的持续分析感兴趣，这显然令他深受鼓舞。自17世纪90年代起，英国的海关官员、哲学家和商人发表了许多文章和小册子，讨论一些重要的经济概念，如贸易差额和货币的作用，但这些更多是从新闻层面去探讨一些具体措施，例如英格兰银行的利率变化、对特定产品征收进口或出口关税等，而没有上升到哲学层面。魁奈和他的盟友们向斯密展示了一些令人兴奋的东西。从短期来看，斯密可能着迷于“经济表”中的模型的整洁和美丽。他后来声称，如果魁奈活得足够久，他可能会把《国富论》题献给他。然而，就长期来看，斯密开始以更加批判的眼光看待重农主义者“对制度的过分推崇”。

斯密的法国之行也促使他去了解哲学家让-雅克·卢梭（Jean-Jacques Rousseau）的思想，虽然他们不太可能会面。1712年，卢梭出生于日内瓦的一个钟表匠家庭，他那不安分和相当骄傲的心使他流转于许多工作，如教师、作曲家和沙龙女主人的宠儿。他还经历了多次流亡。1765年，在休谟的帮助下，他前往英国寻求庇护，不料第二年就开始公开攻击他的恩人，指责休谟参与了一个针对他的巨大阴谋。1755年，他为《大百科全书》（*Encyclopédie*）写了一篇关于“政治经济学”的文章；同年，出版了《论人类不平等的起源和基础》（*Discourse on Inequality*）。斯密在《爱丁堡评论》（*Edinburgh Review*）上发表了关于后者的书评，指出卢梭是如何发展曼德维尔的观点的。

让–雅克·卢梭，日内瓦的野蛮人。

《让–雅克·卢梭》，大卫·马丁和艾伦·拉姆齐作，铜版雕刻，1766年。

卢梭认为，人类从自然的独立状态，即独处、无道德观念、"散居在森林里……没有固定居所，不需要彼此的帮助"的状态，进入建立在贸易和依存共生的基础上的技术先进的社会，人类的野性美德被文明的剥削所取代。[5]和在他之前的洛克一样，卢梭认为农业是社会发展的第一个阶段，因此卢梭对第一个地主如何在一块公共土地上竖起一道篱笆进行了猜想："第一个人圈起一片土地，说：'这是我的。'结果人们就这样轻易地相信他了。他是公民社会的真正的创始人。"[6]

> 如果［人类］只做一个人就能完成的事情，专注于不需要多人合作的技艺，他们就会活得自由、健康、诚实和幸福……一旦一个人需要另一个人的帮助，一旦一个人觉得拥有足够养活两个人的生活资料是有好处的，平等就消失了，财产出现了，工作成为必须，广袤的森林变成了需要劳动者以额头上的汗水来浇灌的良田；不久之后，奴隶制和痛苦也随着庄稼一起生根发芽了。[7]

商业社会唤起了我们对消费品的追求，我们追逐着永远无法企及的快乐，从而牺牲了自己的幸福。

卢梭充分地认识到，劳动分工增加了产出，促进了贸易活动。然而，劳动分工带来的劳作重复性使人类沦为机械一般的存在，而说服他人同自己建立贸易合作的需要，使我们变得不再真诚——所有人都成了戴着微笑面具的演员。不幸的是，卢梭基本无法找到逃离这个商业社会的办法。在1778年版的《论人类不平等的起源和基础》中，有一个插图画的是一个“野蛮人”厌恶他所看到的“文明”人的行径，而选择回到他的“同类”中去。斯密显然不同意卢梭关于人类是从一个独处的“自然状态”进入社会状态的观点。智人是不可能脱离社会的。即使人类如卢梭所言，能够在社会之外独自生存，如果没有本书前几章所讨论的情感交流，他也是无法实现自我认知的。对于野蛮人进入社会，“每个人都开始观察他人，并渴望被他人观察”的描述，是一种极大的误导：没有相互尊重和情感交流，就没有自我，也不会有人类意识。斯密还正确地认识到，农业并不是社会发展的第一个阶段，而是第三个阶段：“猎人时代”和“牧羊人时代”出现在“农业时代”之前。原先的游牧部落定居下来以后，土地才在部落首领将土地授予他们最器重的追随者的过程中成为财产。

如果没有“社会前”的情境，就没有必要重现原始人站在社会的门槛上时所经历的思维过程。斯密不赞成那些试图根据统治者和被统治者之间缔结的“原始契约”来理解政府和主权的政治思想家们的观点。和休谟一样，斯密觉得很可笑，这些活在今天的人们竟然会被一个连实际文件都没有的契约所束缚。因为不愿用某些社会前权利（“自然权利”）来换取统治者的保护（例如法律和秩序体系），人类从来没有站在一个将“自然”和“文明”区分开的门槛上。斯密漠视有关自然权利或不可剥夺的权利的说法，也不在意统治者和被统治者之间缔结的契约中关于同意的观念，这使他继续远离政治上的许多争论。

虽然卢梭坚持认为人类没有可以与其他动物区分开来的本能，但斯密认为人类天生具有“以物易物、物物交换的倾向”，这种倾向本身促成了劳动分工，它的一些好处（增加产量、提高质量）在本书的引言中所引用的制针业的例子中可以明显地看出来。斯密应该用这段关于“改良原因”的表述作为《国富论》的开篇，指出劳动分工的程度受到市场规模的限制：市场越大，分工越细。斯密指出，在一个“偏远的国家”（即地理上孤立的国家），每个人都必须是家里的酿酒师、面包师和屠夫，因为一个小社区不足以供养一个全职的面包师、

卢梭的高贵的野蛮人对“文明人”的堕落感到厌恶，回到了丛林里。《他回到同类中间》（*Il retourne chez ses Egaux*），让·丹布兰（Jean Dambrun）和克莱门特·皮埃尔·马里勒作，1783年，蚀刻版画。

酿酒师或屠夫。劳动分工还受到易货贸易产生的另一个问题的限制：一个人未必总能在合适的时间找到愿意交易的人。屠夫屠宰了一头牛，有大量剩余的肉，面包师想要。但是屠夫此时并不需要面包，而面包是面包师唯一能提供的东西。屠夫下周会需要面包，但因为没有冰箱，肉到那时已经变质。“因此他们对彼此的作用不大”（《国富论》，37页）。

货币应运而生，而价值储藏是它的唯一目的。钱不能吃，不能穿，也不能住。货币的价值在于斯密所说的“交换价值”，以区别于“使用价值”（《国富论》，44页）。它在本质上是毫无价值的，它在交换中的价值仅仅基于习俗，基于一群人的共识，他们同意使用这个特定的东西，借用印在美钞上的话说，以“支付任何公共及私人债务”。为了说明货币在本质上是没有价值的，斯密列举了许多在过去作为交易手段的东西，包括钉子和铅条。1760年，在蒙特利尔被围困期间，纸牌被用作当地的货币。

货币使每个人都能够交换他们的多余物品，由此产生的相互依赖关系不仅提高了产出，还改善了生活质量。对于那些处于商业社会底层的人来说也是如此，他们的生活水平优于在社会发展早期（无论是“猎人时代”还是“牧羊人时代”）的上层人士。值得注意的是斯密如何描述由劳动分工和自由贸易促成的巨大的贸易关系网。分布在全世界各地的工匠们，需要通过合作来满足一个普通工人的需求。斯密坚称这个网络是显而易见的，他邀请我们一起去“在一个文明、繁荣的国家里的一个最普通的工匠或日工的居所”看看。他以工人的外套为例进行说明：

> 例如，日工穿的羊毛外套尽管看起来很粗糙，却是大量工人共同劳动的成果。牧羊人、羊毛分类工、梳毛工人、起毛工人、染色工人、纺纱工人、织布工人、漂洗工人、服装师以及许多做其他工作的人，都必须使出他们各自不同的技艺，才能完成这个朴实的作品。除此之外，还有许多商人和运输公司，需要把这些材料从一些工人运送到另一些工人那里，而他们往往住在很遥远的地方！需要进行多少次交易和航行，雇用多少位造船师、水手、修帆工、制绳工，才能备齐不同的药物供染色工人使用呢？而这些药物通常产自世界上最偏远的角落！就连这些工人里最普通的那一位所使用的工具，也需要经过各种各样的劳动才能制成（《国富论》，22—23页）！

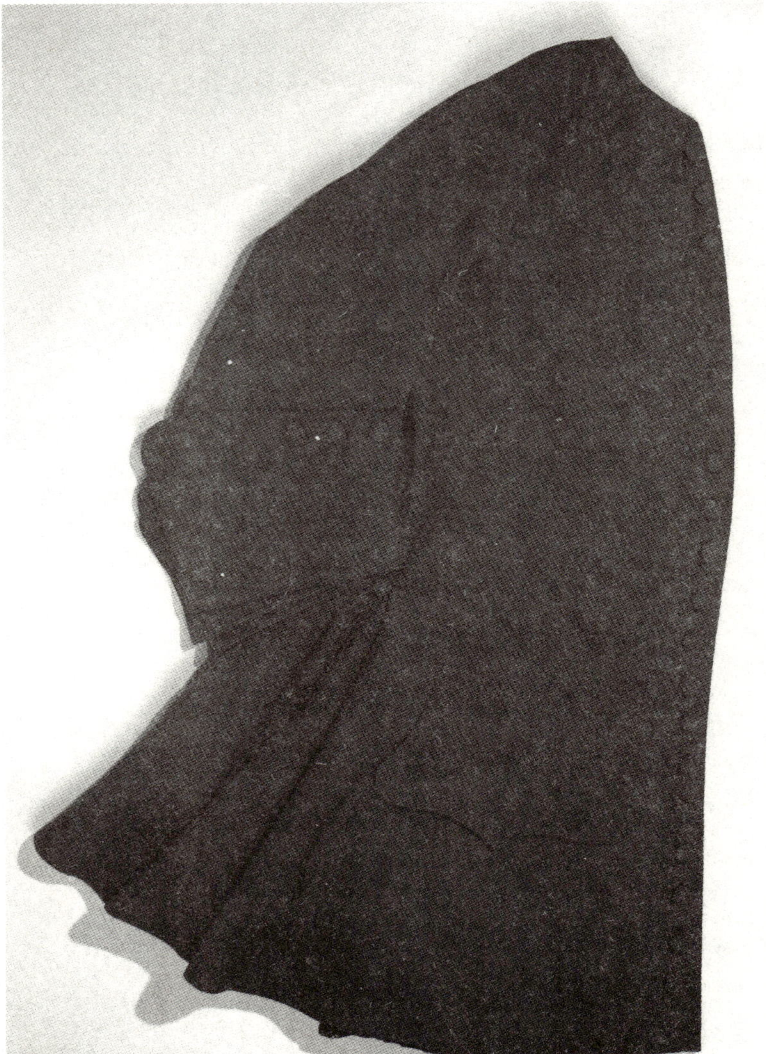

一件非常普通的衣服：一件英国羊毛外套，1740年。

作为一个恬静寡言、有着不形于色的幽默感的苏格兰人，斯密很少有情绪激动的时候。但在这里，他用了三个感叹号，仿佛他拽着我们的袖子，努力地想要控制他的惊讶，这是由看到了工人的屋里挂在椅子靠背上的脏兮兮的外套而引发的丰富的联想带来的。接着，他对摆放在四周的工具做了同样的联想。

劳动分工和货币的出现使得个人创造、积累和使用剩余"库存"——也就是资本（这两个词斯密都用）——成为一件值得去做的事，这一切的发生是合理的。而在卢梭的野蛮的田园生活中，则没有理由这样去做：

> 在没有劳动分工、缺乏交流、每个人都自给自足的原始社会里，没有必要预先积累或存储任何库存以保证社会的正常运转。每个人都试图通过自己的努力满足自己偶尔的需求：肚子饿的时候，就去森林里打猎；外套破损的时候，就用杀死的第一只大型动物的皮毛来裹住自己；小屋出现问题的时候，就用离它最近的树和草皮尽可能地修补（《国富论》，276页）。

工人的住所、衣着和其他用具对于我们来说可能是很普通的物品，但它们却优于卢梭的野蛮的田园生活所能提供的任何东西。事实上，这个工人的小屋比“许多身为掌握着一万名赤身裸体的野蛮人的生命和自由的绝对主人的非洲国王的居所”要好得多（《国富论》，24页）。

卢梭的社会发展模式是衰落式的，从最好到最坏；而斯密的“财富的自然增长”模式假定人类社会把人们聚集在一起，不断地改善所有人的生活质量，在这个过程中，以“生存”为目的的生活方式让位给以“便利”及最终的“奢侈”为特征的生活方式。自然增长顺序中的第一步便是“农村的发展和进步”，因为只有农村才能提供生活资料。制造业和城市，只在有剩余资本可投资于前者所提供的“便利品”和“奢侈品”时，才能实现发展。考虑到农业的安全性，很少会有人选择把时间和资本投入到制造业中去，更不用说投入于贸易了，因为在贸易中，资本不是“可控”的（《国富论》，377页）。

财富的自然增长从农业到制造业，再到对外贸易，这一顺序在“每个不断发展的社会”都有迹可循（《国富论》，380页）。但在“现代欧洲国家”，这个顺序是颠倒的，原因是在罗马帝国毁灭后出现的封建制度下的不正当激励。封建领主压迫他们的佃户，使他们失去了安全感，无法专心经营他们的土地。对粮食运输的限制使那些有剩余粮食的人难以对外销售。所以，有胆量的人便逃到城市里去，投身于制造业和对外贸易。市民们从最有势力者（即最大的领主）那里获得了更多的权利，作为交换，他们会在经济上支持他，在政治上，他们试图自己推举小领主。并非如“财富的自然增长”模式所揭示的那样是农村促进了城市的发展，实际上，是城市促进了农村的发展，因为商人购买地产，并把改良的耕作方法和“有秩序的好政府”引入农村，而在此之前，农村居民“几乎总是与邻人处于敌对状态”（《国富论》，412页）。

当封建领主们遇见城市的制造业和对外贸易所产生的奢侈品，这个颠倒的顺序所带来的最重要的结果出现了，而如果遵循的是自然顺序，这一切则不可能发生。“在既没有对外贸易也没有先进制造业的农村，”斯密指出，“大地主拥有其土地上的大部分产物，超出了维持耕者的日常生活，却无物可换，只能靠在家中款客消耗这些多余的物资。”（《国富论》，412—413页）这就是之所以城堡中通常设有巨大的宴会厅，而阿拉伯王子们都盛情好客的原因。这样的领主雇有许多仆人，因为佃户缴纳给他们的地租无处可用。虽然仆人们在付不起地租的时候，往往能获得减免并享受免费的食物，但这种恩惠完全取决于领主"是否高兴"，就像前面提到的"非洲国王"，仆人的财产和生命完全受他掌控（《国富论》，415页）。当他与邻近的领主开战时，这些仆人也会参战，为他战斗，为他而死。

领主是"人类的主人"，因此应了那句"卑鄙的格言"："一切都是为了自己，没有东西是为了别人。"然而，一旦对外贸易和制造业向这些领主提供奢侈品，情况就会改变，因为"他们可以用剩余的土地生产物来交换奢侈品，而不必与租户或仆人分享"。斯密对这些领主们的交易不屑一顾："也许是为了一对钻石纽扣，或者是其他琐碎无用的东西……为了满足他们最幼稚、最卑鄙、最自私的虚荣心，他们出卖了自己全部的权力和权威。"（《国富论》，418—419页）对于那些被解雇的仆人来说，这种连锁反应的影响是很大的。为了增加地租收入，领主同意给他的租户更长、更稳定的租期，以换取土地的改良（肥料、排水系统、更优良的羊种等），使他们能有更高的产出，能承担更高的地租。

没有了愿为领主牺牲的恭顺的仆人，领主就不能干涉"司法"，也不能继续无意义的暴力争斗了："农村和城市都设立了常规政府，没有人能够扰乱任何一个地方的治安。”尽管没有免费的食物了，那些前仆人们现在却能够享受安全与安宁，生活质量也有所提高。所以，这场“革命”是由两个“完全无意服务于大众”的阶级促成的（《国富论》，421、422页）。类似的转变也令牧师们权威尽失。伪善的牧师表面上宣扬谦卑，实际上却过着奢侈的生活，“下层人民不再像以前那样，把他们视为安慰痛苦的人和救济贫穷的人了”（《国富论》，804页）。尽管休谟在1754—1761年出版的《英国史》（*The History of England*）中对这一观点表示赞同，今天的中世纪史学家们仍会强烈地质疑斯密对封建主义衰落的解释。然而，斯密显然认为历史研究对于理解“国民财富的性质和原因”是非常重要的。

如前所述，斯密的思想带有苏格兰特色，在今天的我们看来，更偏向于人类学，而不是史学。但是，在这场封建革命中，预期的“财富的自然增长”是“颠倒”发生的：“历史”朝着与“自然”相反的方向发展。斯密没有忽视这一点，也没有因为人类社会的发展未遵循剧本而感到沮丧，而是将注意力转向了进入“商业社会”的不同路径。这让他能够强调非预期后果所起的作用。斯密出奇地适应这种情况——也许比许

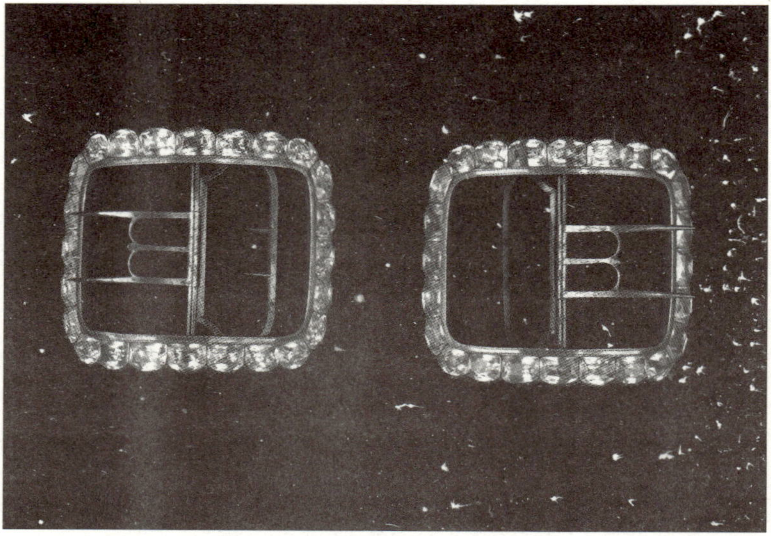

一对由钢和玻璃制成的鞋扣，18世纪80年代。
多亏了乔治王朝时代的“大众”商品，“中等阶级”的英国人也可以像贵族一样趾高气扬了。

多其他历史学家们适应得更好。尽管“自然”路径合乎逻辑，而且更快捷，但还是能够通过其他的方式进入“文明”的商业社会。不过，这些路线没有被提前规划出来。“大地主”以及“商人和工匠”的出发点不是“为公众服务”，而是“虚荣心”和商业“利益”（《国富论》，422页）。

斯密在这里并没有提及“看不见的手”，否则，关于封建主义衰落的历史叙述就会与《道德情操论》中对于我们对财富象征物的赞美如何用来“服务大众”的解释极为类似，并且同样是以一种意想不到的方式。就像在穷人的儿子的例子中，斯密在这里再次描述“财富和荣耀的乐趣……被想象成一种宏伟、美丽而高贵的东西，为了它们，我们甘愿付出所有的辛劳和焦虑”。斯密坚持认为，我们赞赏“有钱人和大人物”，不是因为我们认为他们比我们更幸福，而是因为我们以为他们拥有更多获得幸福的方法（《道德情操论》，183、182页）。他们的生活中似乎有无数精巧的小玩意儿来满足他们的各种需求，包括我们不知道的需求。这些小玩意儿有其效用，但显然是一种“无意义的效用”，因为它们所能发挥的作用不值得我们为之焦虑。这些小玩意儿不仅不能满足主人的需求，还使他们不能享受到我们绝大多数人马上就能享受到的那些简单的快乐。

在对卢梭的《论人类不平等的起源和基础》的书评中，斯密引用了一段话，是关于“广阔的原始森林是如何变成宜人的平原的”。与其产生呼应的是斯密在《道德情操论》中的一段关于“看不见的手”的著名论述，它反对了卢梭的论断；卢梭声称私有财产的产生和对奢侈品的无尽欲望的出现使大多数人的境况比起他们独自漫步于森林中时更差。斯密并没有指责我们错误地理解了“财富和荣耀带来的乐趣”：

> 幸好大自然以这种方式欺骗了我们。正是这种欺骗激发了人类的斗志，促使他们时刻保持勤勉。正是这种欺骗促使他们耕种土地，建造房屋，建立城市与国家，并发明与改进各种科学和艺术，使人类的生命变得高贵和丰富；正是这种欺骗完全改变了地球的面貌，使大自然的原始森林变成肥沃宜人的平原，使人迹罕至的贫瘠的海洋变成人类赖以生存的资源宝库，还成为通往世界各国的桥梁。人类的这些劳动迫使地球加倍提高了自然生产力，以供养更多的居民。（《道德情操论》，183—184页）

“傲慢无情的地主”幻想着自己可以消费掉所有的土地生产物，却眼馋肚饱，他的胃口和在他的土地上耕种的最卑微的农民一样大。和封建领主一样，他不得不与他人分享剩余物，尽管他们有“虚荣心和无尽的欲望”以及“天生的自私和贪婪”。

> 他们由一只看不见的手指引着对生活必需品做出几乎相同的分配，如果土地可以平均分给所有的居民，他们的所得也会是相同的，就这样，在不知不觉中促进了社会利益，也为物种的增长提供了途径。当天意把土地分给少数地主时，它既没有忘记也没有抛弃那些似乎被排除在外的人。这些人最后也享受着他们的生产所得。就人类生活的幸福要素而言，他们无论在哪一方面都不逊于那些看起来地位比他们高得多的人。就身体的舒畅和内心的平静而言，所有不同阶层的人几乎都在同一个水平上；在公路旁晒太阳的乞丐，享受着国王们需要互相争斗才能获得的安全感。（《道德情操论》，184—185页）

斯密与重农主义者和卢梭的相遇，必定激励了他写作专著论述“国民财富的性质和原因”，此类书籍在此之前从未有过英文版。这些思想家还证明了将商业社会里的人类交流视为一种可以从上层重新设定程序的机器（如魁奈所认为的）或无可救药的腐败（如卢梭所认为的），是具有风险的。魁奈和卢梭对人类历史的整体轨迹有着截然不同的看法：前者认为人类社会可以通过自上而下的干预来完善，后者则认为人类社会注定要徒劳地寻找方法以回到野蛮时代的完美。不过，人类的情感无论是被看成机器齿轮上的砂砾，还是被当成带来自我毁灭的冲动，都被他们认为是实现完美的阻碍。

斯密意识到，尽管人们对商业社会所谓的腐败深感绝望，却没人愿意回到森林里生活——如果这是可能的话，实际上也根本不可能发生。无论走的路线是“自然的”还是“历史性的”，人类社会的发展注定要遵循“财富增长”的规律。在历史层面上，这种发展从森林演变成“肥沃的平原”，从大部分人奴隶般地依赖于一小部分施行专政的“人类的主人”，演变成大部分人都依赖于大部分人的现代社会。虽然“革命”终结了封建制度，但地主和佃户仍然存在，现在还产生了为地主提供“无聊的小玩意儿”的“工匠”。卢梭从中只看到了一种人为的、破坏性的不平等。斯密则指出，即使是最卑微的“日工”也能真切地享有更好的服装、住房，甚至奢侈品，其生活比起在森林里时要舒适得多。他还指出，大多数人享受到了更大的自由。

过去，“人类的主人”掌控着所有的财产，甚至佃户和仆人的生命，现在则不同：佃户会支付地租，但是不会随地主去打仗。“工匠”就更自由了，因为他的服务对象不是“一个人，而是成百上千个不同的顾客。因此，尽管在某种程度上，他受所有人的恩惠，但他并不完全依赖于其中的任何一个人”（《国富论》，420页）。人类天生具有的“以物易物、物物交换的倾向”导致了劳动分工的出现，进而推动了“财富的增长”，使人类进入相互依存的商业社会，在这里，每个人都有自己的“生存”方式，甚至能享受一定程度的“奢侈品”。

这样看来，人类的境况似乎相当令人满意。我们似乎可以坐下来，任一切自然发展了。人类社会有着“庞大的结构”，“在这个世界上建造和维持如此庞大的结构，如果我可以这样说，似乎是得了大自然的偏爱”（《道德情操论》，86页）。这种“偏爱”可以在所有人共有的天生的欲望和性情中发现。封建社会灭亡的故事甚至说明，当“财富增长”偏离轨道的时候，这只“看不见的手”最终会把我们带回到正确的道路上来。这条道路通向更大的“自由”，以及全球不同地区之间更深入的“交流”。毕竟，国际贸易“意”在促进各个国家的和平相处与互相理解。然而，我们仍然面对一些严肃的问题。日工或许能穿上一件漂亮的衣服，但是因为劳动分工的限制，他和所有其他人都得日复一日地重复单调的劳动，这样的代价值得吗？然而，明显有益于我们的“交换”似乎影响了我们做出公正的回答。

除此之外，斯密还有一个观点令人难以信服，即我们是某种“幻想”的受骗者，而这是一件好事，这是一个大计划的一部分。但是，如果我们想要超越大人物的欲望使得我们不只在道德上赶超了他们，也赶超了他们对“无聊的小玩意儿”的消费，又会怎样呢？这到底是谁的计划呢？斯密所说的“自然”和“天意”指的是“神”吗？如果是，什么样的神会用幻想和看不见的手来操控我们呢？启蒙运动的目的是让人类摆脱迷信和虚假的偶像，不再心甘情愿地将自己的命运外包出去，斯密却似乎在让我们相信一个新的偶像。斯密关于“和平贸易”（la douce commerce，他从孟德斯鸠那里学到的一个想法）的观点似乎也是难以置信的。贸易常常会引起国际争端，在许多情况下甚至会引起武装冲突，我们自己对商业的描述也往往是非赢即输。这些问题仍有待解决。

第四章　黄金梦，1767—1775年

斯密于1765年致信休谟，反对他在巴黎定居，这表明在城市里生活了一年的斯密有些想家了。还好，他在欧洲大陆停留的时间不像最初计划的那么长。1766年8月，巴克勒在贡比涅与法国宫廷人员一起狩猎后病倒了。虽然他康复了，但是他的弟弟坎贝尔不久后也得了类似的病且不治身亡。1766年11月1日，斯密和巴克勒带着坎贝尔·斯科特的遗体抵达多佛。斯密对这两个男孩的照顾堪称模范，他甚至打电话给路易十五的医生魁奈，寻求医疗建议。没有迹象显示斯密被斯科特家族或巴克勒追责。不过，坎贝尔的死提早结束了他们的行程，斯密在伦敦度过了1766—1767年的冬天，等待着巴克勒的成年。1767年9月，斯密陪同巴克勒公爵正式进入他的苏格兰领地，这也是公爵第一次到边境以北的地方。尽管频频收到陪伴其他年轻贵族去旅行的邀请，斯密却从此再未渡过英吉利海峡。他

在1765年给休谟的信中提到：“一个人在国外总是无家可归的。”（《亚当·斯密书信集》，108页）

巴克勒着手将一系列改革引进其庞大的家族产业，这些改革很可能是受斯密启发，至少斯密和他以前的学生们在考察位于爱丁堡南部的达尔基斯，即巴克勒家族的宅第所在地时曾讨论过。这些措施旨在改良农业生产，例如通过培植新作物、施肥、改良羊的品种、改善排水系统、植树造林等来生产木材，开发浸水草地和道路。这些措施还包括取消对土地出售和租赁的限制，如对继承权的限定，贵族们通过这种合法的手段来保护他们的土地的完整性，确保它们不会毁在不肖子孙（如巴克勒的祖父弗朗西斯·斯科特，挥霍无度的第二代公爵）的手里。在斯密的时代，苏格兰有三分之一到二分之一的土地都是限定继承权的。后代不仅不能出售相关的土地，连给佃户一份长期租约都不行，因此，大量的土地被“冻结”。正如斯密所说，“土地因此无法进入商业领域”（《法理学讲义》，70页），它没有了任何“交换价值”，被留在“大地主”（斯密称他们对改良土地没什么兴趣）的手中，而不是卖给更有创业精神的人（他们会对土地进行改良，提高土地的生产力）。

斯密在《国富论》中，以限定继承权为例，说明“法律往往在环境发生变化之后继续有效，虽然当初促使其产生并赋予其合理性的条件都不再有了”。在封建时代，当“大地产是公国领地”时，限定继承权会为领主的成千上万的仆人们提供一定的安全保障，避免因一个领主而毁掉一个小国家（《国富论》，383、384页）。后来，封建领主们为了“无聊的小玩意儿”换掉了他们的“公国”，法律和秩序改由国家保障实施，限定继承权的优势不再，成为农业发展的障碍。至于为什么限定继承权没有被废除，斯密能找到的唯一的理由是，它能够保证贵族们享有足够的财富，以维持他们对国家的高级职位和其他特权的垄断。斯密的言论明显地显示了他对贵族特权的蔑视：

> 然而，欧洲的大部分地区仍实行限定继承权，尤其是在贵族血统仍是获得公民或军事荣誉的必要条件的那些国家；限定继承权被认为是维持贵族对国家的高级职位和荣誉的特权的必要手段；这个阶层已经夺得了一种对其他同胞不公的优势，却还担心贫穷会使这种优势变成笑话，所以他们认为自己理应再享有另一种优势。（《国富论》，384—385页）

为了帮助设定地租，巴克勒的管理人员们统计了关于牧羊的数据，并制定出一个公式。通过这个公式，公爵可以用当前的羊毛价格及被阉割的公羊羔的价格计算其牧羊场的价值。巴克勒在《爱丁堡广告报》上宣传了总计439个可租用的农场，欢迎有兴趣租用任一农场的人提交纸质申请，写明他们打算进行何种改良。成功的竞购者将获得更长的租期，从而有更多的时间来收回投资，而如果巴克勒提前终止租期，他们在改良上的花费将得到赔偿。

这些改革令许多当地家庭感到震惊，他们世代都是公爵的佃户。因为这些佃户的疑心，管理人员们有必要通过秘密手段收集上述提到的数据。这些改革虽然最终得以推行，但直到斯密1790年去世时仍未能全面贯彻。如果巴克勒没有和斯密同样的承担身为地主的非经济负担的意愿——放弃汤森德的政治梦想，扎根在达尔基斯（而不是伦敦），组织志愿民兵组织——改革就不会取得成效。巴克勒就这样在继续当“家族首领”和“其治下的佃农之父”的同时，成功地实施了改革。

这显然是“自上而下”的农业改良，但它并不是一下子就推行起来的，也不是一项不成熟的意图取代将地主和租户联系在一起的网络的资本主义计划。巴克勒不单单是为了金钱利益；地租通常略低于潜在佃户的“竞标价格”。人们认识到，地租太高会剥夺“佃户改善生活的愿望”。虽然巴克勒的管理人员之一威廉·基尔不是一个哲学家，但他拥有足够多的斯密式思想，他认识到这种愿望是“勤勉和努力的最强烈的动机之一”，而当把地租定在最高水平时，“佃户们就会失去一部分勤勉和努力，而他们本可以用其来耕耘和改良他们的农场。”[1]正如斯密所说：

> 丰厚的回报鼓励人们多劳，因此令普通人更加勤勉。劳动工资是对勤勉的奖励。勤勉，和人类的其他品质一样，随着所受到的奖励而增加。丰富的生活资料使劳动者身体强健，对改善生活和获得安逸富足晚年的美好愿望，促使他们更加努力地工作。我们会发现，工资高的劳动者比工资低的劳动者更活跃，更勤勉，更有效率。（《国富论》，99页）

在第六版《道德情操论》（1790年）中，斯密新加了对“热衷体系之人”的批评性分析，指出“他似乎以为自己可以调控一个偌大社会里的不同成员，就像摆弄棋盘上的不同棋子一样轻松”。然而，现实是“在人类社会这个巨大的棋盘上，每个棋子都有自己的运动规则”（《道德情操论》，234页）。魁奈视法国国王的臣民们为没有思想的棋子，与他不同的是，巴克勒的管理人员们试图理解佃户们的“运动规则”，利用它们为“农村”的长远利益服务。除了佃户们“改善生活”的意愿，巴克勒对将他和租户联系在一起的由来已久的非经济性（社会、道德）纽带的认识和发展，也启动了非经济的“运动规则”，其中最主要的是苏格兰人的爱国精神。到了21世纪，这种力量依然强大，而且令人惊奇地不受经济利己主义的影响。

巴克勒在达尔基斯安顿下来以后，斯密回到了柯卡尔迪，与母亲团聚。从1767年5月到1773年，他一直待在那里继续写作《国富论》。1767年6月，他写信给休谟，称他在那里的生活分为“工作”和“娱乐”两部分，前者包括“在过去的一个月里非常投入的研究”，后者包括“在海边长时间的独自散步”。“你可以对我支配时间的方式做出评判。”斯密写道。而他自己觉得“自己感到了前所未有的，可能在此生中都未曾有过的快乐、舒适和满足”（《亚当·斯密书信集》，125页）。

在《道德情操论》中，斯密指出，贪婪、野心和虚荣都让我们高估了贫穷与财富、职位或级别低与高，以及默默无闻和声名卓著之间的差异。对于回报的幻想使我们承担了风险，而这种风险与我们实际上能得到的好处几乎毫不相干，如果我们足够幸运可以得到一些好处的话："如果不审慎、不公正，那些试图改变境况的人就玩着最不平等的风险游戏，对抗几乎一切。"

斯密没有要求他人接受他的说法，而是启发读者去思考"在自己的经验范围内发生的事情"。他推测，如果这样做，我们就会发现，"大部分的不幸源于对自己的幸福的不自知，不知道自己静静地坐着就可以很满足"（《道德情操论》，149—150页）。斯密的信明显地显示了44岁的他能够欣赏处境中积极的一面，抑制住把柯卡尔迪的简单生活与爱丁堡的忙碌相比较的冲动，休谟当时正是住在爱丁堡。斯密不单单知道他在当前的处境下拥有获得快乐的方法，实际上，他是"极为快乐"的。"真正的幸福"是"我们在任何时候都可以拥有也有能力拥有的"，这种幸福感和我们在"所能幻想到的最耀眼、最尊荣的处境下"所得到的快乐"几乎总是一样的"。除了散步，斯密还和朋友们一起喝酒（他是"一个好酒伴"），这是我们随时可以拥有的“真正的幸福”的来源之一（《道德情操论》，150页）。

不过，斯密那闲不下来的头脑，使他在散步的时候有大量东西可以思考。1772年6月25日，埃尔银行（原来叫道格拉斯与赫仑银行）宣告破产，负债超过100万英镑（约合今天的6400万英镑）。[2]这家银行于1769年在苏格兰埃尔城成立，旨在为农业改良（如上文中巴克勒所推行的改革）提供资金支持。事实上，在该银行的96000英镑（约合今天的600万英镑）的创始资本中，有巴克勒捐助的1000英镑。这家银行及其他银行的成立，是出于对两家特许银行——成立于1695年的苏格兰银行和1727年的苏格兰皇家银行（RBS）的不满。苏格兰的储户们没有足够的资金来投资18世纪60年代苏格兰所有在建的基础设施、农业、工业和住房项目，例如开凿福斯-克莱德运河、建设爱丁堡新城、扩大亚麻生产、建造用于亚麻出口贸易的船只，以及开办卡隆制铁厂等工厂，该工厂成立于1759年，为詹姆斯·瓦特发明的蒸汽机提供了零部件，并为皇家海军提供了火炮。因此，资本市场是紧张的，这意味着在不支付高额利息的情况下很难获得资金。据说，苏格兰皇家银行不愿“放宽”信贷条件，从而阻滞了苏格兰经济的发展。

沮丧的企业家们转向货币经纪人寻求资金。他们中的许多人通过“循环划汇”的方法用虚假汇票借贷资本，即位于不同城市的两方互出短期（如两个月）汇票，任何一方都没有出借同等数额的资金或提供任何同等价值的商品或服务，却能凭空获取资金。18世纪末，期票在商界广泛流通，它几乎是另一种形式的支票（和支票一样，可以在背面“签名”，然后交付给第三、第四或第五方）。对于诈骗者来说，这种“传包裹”的骗局是有利可图的，至少在短期内是这样：一方可以获得他们实际并没有借出的资金的佣金和利息，另一方则可以用期票（按照常规折扣）换取真正的商品和服务。

这些做法使得苏格兰皇家银行在接受期票时更加谨慎，苏格兰急需一家愿意通过开通现金账户、拨发贷款并印制银行券来向苏格兰经济注入新资本的更“爱国”的银行。这就是埃尔银行所做的：它是“专门为了缓解国家的困境而成立的”（《国富论》，313页）。下文中的插图只是票据的右半部分；在黑色区域的左边写有同样的信息，就像支票的票根一样。这张票据在发给威尔·哈伊（Will Hay）的时候被切成两半：波浪形的切口和黑色区域的图案意在防止伪造（伪造的票据和留在银行里的另一半票据是“对不上”的）。尽管这种票据已被淘汰了，但持票人的名字和票根很可能会让我们想起如今的个人支票。当然，所有的纸质票据在本质上都是支票：就像埃尔银行的这张票据一样，上面有签名，有日期。主要区别在于今天的支票在防伪方面做了大幅改进，而且支票是发给“持票人”的，并非发给指定的某人。

埃尔银行的票据。

对我们来说，由英格兰银行这样的中央银行以外的银行发行银行券的想法似乎很奇怪。但在1825年的《银行特许条例》颁布之前，所有的英国银行都可以印制自己的银行券。这是一件充满风险的事情，一家银行的“挤兑”可能会蔓延到处理该银行的银行券的其他银行，历史上这也的确发生过。所有处理银行券的人都需要衡量20到30家银行的信誉，而非一家（由政府支持的）中央银行的信誉。从当代的视角来看，更奇怪的是，许多银行券有选择条款，即发行银行券的银行可以拒绝“见票即付”（即支付银行券上印的金额），并将银行券转换为6个月的有息贷款。1765年的一项议会法案禁止在1英镑及金额更低的银行券上使用选择条款，但它们继续被用于面额更大的银行券。

不幸的是，埃尔银行在发放贷款和接受其他银行贷款（即贴现）时过于慷慨，导致它贷款给了一系列投机项目，从而把自己搞垮了。例如，1769年末，尽管亚麻市场已经出现了供过于求的迹象，但对亚麻生产的投资仍在继续。为了维持支付能力，埃尔银行不得不以8%的利息从伦敦借款，而它自己的贷款利率仅为3%。它的慷慨导致了它接受虚假票据，使它实际上和伦敦玩起“循环划汇”的把戏。一种风险未被“定价”，即没有被考虑到的情况出现了，因为每个人都对自己在灾难发生前即售出可疑票据和银行券的能力充满信心，也就是说，他们认为自己不会陷入流动性陷阱，不会找不到票据和银行券的买家。1771年，北美殖民地的政治动荡令亚麻出口行业的相关人员开始感到紧张。到了此时，崩塌已不可避免，在接下来的6月份，伦敦一家名为 "尼尔、詹姆斯、福代斯和道恩" 的银行（Neal，James，Fordyce & Down，它是埃尔银行严重依赖的银行）的倒闭成为导火索。

英格兰人当然怀疑精明的苏格兰人怀有阴谋。在伦敦的讽刺作品中，一个骑着扫帚的苏格兰人带着装满英格兰黄金的袋子急速返回苏格兰，在他身后，一路留下混乱和破坏。而在现实中，在边境北部这次危机造成了更大的破坏。埃尔银行非但没有"缓解国家的困境"，反而让它变得更糟。正如休谟在1772年6月27日写给斯密的信中所指出的，这种困境并不局限于埃尔周边的地区，它蔓延到整个苏格兰，并威胁到英国的银行系统本身，令银行"停止兑现"（也就是说，他们不再支付黄金来换回他们自己发行的票据）。这也威胁到了卡隆制铁厂等大型工业企业：

我们现在处于非常悲观的境地：持续的破产、普遍的信誉缺失以及无休止的猜疑……伦敦的情况也好不到哪去……甚至英格兰银行也不是完全没有嫌疑。纽卡斯尔、诺维奇和布里斯托的银行据说已经停止兑现，蓟花银行据报道也是同样的情况，卡隆制铁厂岌岌可危，这是世界上最大的灾难之一，因为它们为近万人提供了就业的机会。这些事件对你的理论有一些明智的影响吗？（《亚当·斯密书信集》，162页）

1772年埃尔银行倒闭：精明的苏格兰人在伦敦市场上抛售毫无价值的纸币，带着他们用不正当手段得到的金子逃走了。

《苏格兰纸币换英国黄金的乱象一瞥》（*A View of the Deluge of Scotch Paper Currency for English Gold*），作者佚名，1772年，蚀刻版画。

福斯-克莱德运河暂停施工。当时存在的30家苏格兰银行中，有27家破产。整个苏格兰经济花了三年时间才恢复过来。

对斯密的赞助人来说，这次危机无论在个人方面还是在财务方面都是一个挑战。在英格兰银行拒绝接受更多埃尔银行的票据（之前接受的票据已达30万英镑）之后，巴克勒和其他捐助者试图继续维持埃尔银行的运转，而不是宣布破产。为了在1772年9月重新开业，他们不得不以自己的地产作担保，发行35万英镑的可赎回年金保险，利息高达15%。这些年金保险在1774年被转为以巴克勒的限定继承的地产作担保的债券，整个过程一直拖到1804年，把不那么富有的贵族投资者们逼入了绝境。如果巴克勒按照斯密的建议行事，那这真是一个非常糟糕的建议。不管巴克勒这么做是出于爱国主义还是出于责任感，总之这些年金保险和债券使他的负债从1772年的4400英镑（约合今天的28万英镑）增加到了1795年的79666英镑（约合今天的250万英镑）。[3]

那么，斯密的"理论"是什么呢？斯密认为，任何一家"理解并关注自身利益"的银行，很快就会知道发行的货币不能多于"这个国家可以轻松地吸收和使用的数额"（《国富论》，302页）。然而，它们发行的纸币通常是其现金储备

（即金币和银币）的四倍，所有超过国家需求量的纸币都会被立即送回银行兑换成金币和银币。与那些抱怨由信贷紧缩导致的“困境”的人的愿望相反，银行业的职责不是增加国家资本，而是使“资本的大部分变得更加活跃和富有成效”。商人以金银的形式持有的资本都是“死的资本，只要它保持这种形式，就不会对他或他的国家产生任何影响”。金银不是一种生产性投资，而是将资本从一个生产活动转移到另一个的便捷方式。斯密把它比作“通衢大道”。

粮食运往市场需要道路，但是会占用本可用来耕种或牧羊的土地。如果农民可以通过气球从空中把粮食运到市场上去呢？道路就可以变成田地了。通过发行纸币，银行架设了“一条空中大道”。斯密承认，由“纸币的精巧翅膀（Daedalian wings）吊在空中”的工商业不是很安全（《国富论》，321页）。代达罗斯（Daedalus）是希腊神话中的建筑师兼发明家，为了逃离迈诺斯迷宫，他为自己和儿子伊卡洛斯（Icarus）各做了一对翅膀。不幸的是，伊卡洛斯被冲昏了头脑，飞得太高，太阳的光芒融化了翅膀上的封蜡，他掉进了海里。虽然斯密的翅膀不是“伊卡罗斯的”，但他提出了明确的警告。

纸币的流通速度大大加快，人们甚至感觉不再有必要停下来弄清楚某张票据或纸币的价值，因为他们无意于长时间持有，或者他们确信能找到一个无知或轻信的“笨蛋”来购买自己的纸币。这甚至可能造成了一种情形：听音乐抢椅子游戏的所有参与者都知道音乐最终会停止，而他们所流通的纸币的价值是不确定的。然而，没有任何人的行事方式表明了他们认识到了这个事实。突然拒绝贴现票据将引发恐慌，令所有人同时夺门而出。银行不得不慢慢减少风险敞口。幸运的是，埃尔银行的董事未能意识到“真实汇票和循环汇票”（即真正的汇票和“循环划汇”的汇票）的区别，这种愚蠢使得他们的竞争对手能“非常轻松地逃出这个致命的循环，否则他们即使能够逃脱，也会蒙受巨大的损失，甚至信誉受损”（《国富论》，313、315页）。

也许，在传包裹的背后存有某种逻辑，正如斯密所承认的：

> 票据的出票人、承兑人和背书人都是信用可疑的人，但是，贷款期限是如此地短暂，这令持票人有了一定的保障。虽然他们都有破产的风险，但不见得会在这么短的时间内同时破产。一个疲惫的旅行者自言自语道：“这个房

子太破了，可能很快会塌掉，但不见得今晚就塌，我就冒险睡一晚吧。”（《国富论》，309页）

在2008年银行业危机期间，显示缺乏信心的最令人担忧的指标之一是伦敦银行同业拆放利率 （LIBOR）一夜之间增至三倍。在信心如此低的情况下，斯密的“疲惫的旅行者”不会待在他们认为“破”（即充满了裂纹和缺陷）的房子里，哪怕只是一个晚上。

斯密没有辩论说可以信任市场来为每家银行发行的票据确定价值，而是主张禁用选择条款，并希望限制英格兰银行以外的银行发行低于某一特定价值的票据。后者将有助于限制这种票据流通向较大的企业甚至货币市场，在这些地方，人们更加了解接受此类票据所涉及的风险。在1666年伦敦大火之后，斯密将这些规定与伦敦的建筑法规进行了比较：

也许会有人说，在个人自己愿意接受的情况下禁止他接受银行的期票，无论金额高低，并且在这家银行的所有邻人都愿意接受的情况下禁止银行发行此类票据，那么这种禁令就明显侵犯了应该受到法律保护而非侵犯的自然的自由。毫无疑问，这些规定在某些方面侵犯了自然的自由。但是，可能会给整个社会的安全带来危害的少数人的自然的自由，受到并且应该受到所有政府的法律的约束，无论是最民主的政府，还是最专制的政府。这里所提到的银行贸易条例对自然的自由的侵犯，无异于建造界墙以防止火灾蔓延的法律规定对自然的自由的侵犯。（《国富论》，324页）

正如在本书的其他地方曾指出的，斯密的任何作品中都很少提及普遍的正义观。当他确实用到诸如“自然的自由”之类的词语时，往往是因为这样的自由或“人类的神圣权利”遭到了攻击。如果它们没有受到重商主义或政府干预的威胁，斯密会选择保持沉默。引人注目的是，斯密在这里坚持认为，这些限制个人自由的规定的合理理由是它们对“整个社会的安全”的贡献。

然而，如何监管这些规定呢？伦敦大火使人们高度重视建筑法规的制定。1667年颁布的《伦敦建筑法》及其修正案包含了详细的规定：一幢五层的砖砌建筑必须有一堵界墙，一层以下的墙体厚度为2砖，一层到顶楼的墙体厚度为1砖半，这堵墙还必须把屋顶的空间和两边的房子分开。尽管这样一堵墙给砖瓦匠提供了大约三个星期的额外工作机会，并且需要32000块“额外的”砖（从而刺激了经济发展），但对于在伦敦的斯皮塔佛德这样的地区建造大量连栋房屋的建筑投机商们来说，这是一笔巨大的额外开支。

尽管1774年颁布的另一套建筑法中引入了更严厉的惩罚措施和更多的规章制度，由于界墙的性质决定了它是看不见的，所以免不了有一些建筑商并没有建造它们。事实上，很少有居民知道他们住的房子里是否有界墙。自17世纪90年代以来，火灾保险就一直存在。在斯密的时代，每家公司都有自己的消防车，但只会为正面挂有印着公司标志的牌匾的房子灭火。自由市场本可以通过降低保费来激励建筑商们建造界墙，然而，不幸的是，正如斯密自己所指出的，“整个国家平均下来，20个房子里有19个，或者100个房里有99个，都没有上火灾保险”。

城市（不仅是它的金融机构，还包括其建筑和居民）仍然暴露于灾难性的风险中。然而，大多数居民都没有“精密地计算”风险以判断是否需要投保，他们什么都不做，“轻率地对风险嗤之以鼻”（《国富论》，126页）。因此，虽然斯密清楚地认识到有必要制定法规来限制某些可能会造成大范围破坏的个人的自由行动，从而保护“整个社会”，他选用的类比却只是强调了此类法规的实际落实问题。尽管如此，斯密在“自然的自由”和“整个社会的安全”存在冲突时把“安全”放在首位的观点是很引人注目的。

1773年5月，斯密前往伦敦，在那里继续写作《国富论》；直到1775年末，他把手稿寄给了他的出版商。与他独自在柯卡尔迪的沙滩上散步不同，斯密利用这次在伦敦居留的机会享受了丰富的“娱乐生活”：去英国咖啡馆阅读报纸和小册子，去剧院，去听公共演讲，去俱乐部和宴会参加有关哲学和时事的辩论。多亏了国会议员和副总检察长亚历山大·韦德伯恩（Alexander Wedderburn）的长期有效的晚宴邀请，斯密得以了解政府核心人物的见解，并与政策制定者们分享他尚未发表的观点。这个活动显然有助于形成《国富论》的观点，尤其是它对当时政府面临的最迫切的问题的讨论：北美13个殖民地的麻烦事。

殖民地居民的利益和祖国的利益之间的分歧由来已久，而七年战争（1756—1763年）使这些分歧更加凸显。尽管对扩张速度的估计无疑有些夸张，人们一致认为，土地和自然资源的无限供应，再加上高工资，会造成北美殖民地的人口激增。这促使殖民者向西迁移到内陆地区，在那里，他们与美洲原住民和正试图在密西西比河沿岸建造一系列防御工事以阻止这种扩张的法国人发生了冲突。这道防御线将法国在加拿大和路易斯安那州的殖民地联系在一起。与此同时，法国的盟友西班牙（这两个国家的国王同属波旁王朝）占领了佛罗里达。

伦敦的大臣们试图通过限制人民向西扩张，来避免与波旁王朝发生冲突。由于他们与殖民地相距甚远，人们普遍轻视这些命令，纯粹为了防御而招募的民兵们经常陷入一些小规模战斗。这在伦敦的大臣们看来是鲁莽的，他们很清楚地知道，如果这种事情失控的话，他们也脱不了干系。随后，伦敦的大臣和国会议员们就发现，他们不得不为一场并非由他们自己造成的战争买单。这正是18世纪50年代发生的事情，这场被称为法国印第安人战争的殖民地冲突为今天的美国人所熟知，它直接引发了英国和波旁王朝在世界范围内的战争，也就是七年战争。

在七年的战争中，法国战败，被迫把加拿大的殖民地割让给英国，并把防御线退回到密西西比河沿岸，只剩下圣劳伦斯海湾的圣皮埃尔岛和密克隆岛两个小岛，以及路易斯安那州。

这两个小岛现在仍由法国掌管，路易斯安那州和密西西比河以西的法国殖民地则于1803年被拿破仑卖给了美国。殖民者们高估了由公民民兵们取得的胜利的程度，并大大低估了英国政府付出的代价：英国欠下了大笔国家债务。伦敦的大臣们自然认为，殖民地居民应该与居住在英国的同胞们一起分担财政负担。以前伦敦对北美殖民地的善意忽视使得他们有相当大的自由管理自己的事务，是时候施行更严格的监管了。伦敦采取了提高关税和其他增加财政收入的举措，这应该能让殖民地的居民们明白，对法国的胜利不是白来的。简而言之，殖民地的“蘑菇”精英们（之所以这样称呼，是因为社会阶层在很大程度上仍由出身决定，所以精英们像蘑菇一样，似乎是一夜之间冒出来的）是时候要长大了。

1765年的《印花税法案》规定了第一个新增加的税种。它规定，所有的报纸和法律合同都必须印在带有印花税票的纸上（这表明造纸商已经缴纳了相应的税款；自然地，造纸商把这额外的费用转嫁给了那些购买他们产品的人）。殖民地居民组织了请愿和抗议活动，伦敦最初表示愿意妥协，但是却开始担心这会鼓励他们把抵制部分税收的活动演变成一场有组织、有计划的独立运动。在七年战争之前，十三个殖民地就像一个群岛；由于历史原因，它们的内部管理和对伦敦的依赖程度彼此间有明显的不同，例如马萨诸塞州（一个“古老的”殖民地，被认为是受迫害的新教教派的避难所，有大量德国人居住在这里）和乔治亚州（一个“年轻的”殖民地，已从罪犯流放地变为烟草种植园）的迥异。

在波士顿等地，海关官员被涂柏油、粘羽毛。

《北美波士顿兴起的通心粉的新制作方法》（*A New Method of Macarony Making, as Practised at Boston in North America*），1774年，铜版雕刻，由卡林顿・鲍尔斯（Carington Bowles）出版。

七年战争使殖民地的居民们对自己的北美身份更加强烈地认同，他们更加团结一致。具有讽刺意味的是，殖民者们曾经的英国经历为他们提供了进一步鼓动反抗的手段。英国17世纪的历史，就是一个勇敢反抗国王查理一世的“专制”统治的精彩故事，而这为殖民者们提供了许多可借鉴的先例，来鼓动大家反抗国王乔治三世的大臣们的“专制”统治，反抗对象包括在国王乔治的殖民地负责落实新的税收政策、维持社会秩序的“英国”长官、海关官员和军队。就在斯密去伦敦的几个月前，反对对印度茶叶征收新税的人把一整船的货物扔进了波士顿湾里。1773年的波士顿倾茶事件促使伦敦采取更强硬的手段来维持其权威，而殖民地的居民们提出了一个全新的口号——“无代表不纳税”，来挑战英国议会替他们做决定的权威。

斯密可能和众多英国人一样，对这句口号深感疑惑，虽然对我们来说它的意思是不言自明的。斯密本人没有投票权，这些事情也没有太烦扰他。正如我们曾指出过的，他并不认为政府起源于任何“契约”；如果像约翰·洛克（John Locke）这样的理论家们认为英国人是受“一致意见”支配的，那么它至多是指“一种极具隐喻意味的赞同”（《法理学讲义》，323页）。大多数英国人认为，议会代表的并非那些碰巧出生在英国或英国的殖民地的成熟的人，而是土地、制造业和贸易的利益（也就是说，那些拥有土地并向工厂、船舶等项目大量投资的人的利益）。议会是英国的利益相关者们的民主核心：只有那些在帝国的财富（土地、工业和贸易）中拥有大量股份的人才有发言权。从这个意义上来说，相较于英格兰北部的大片工业区，伦敦的议会更多地代表的是北美殖民地的利益。北美殖民地的利益则由那些在13个殖民地中做出大笔投资的商人和银行家代表，他们已经通过购买议会席位（购买某个选区的选票，或者贿赂某个贵族，让该贵族提名候选人到其控制的议会席位上）这种古老的方式进入了议会。

虽然殖民地的居民们与英国人有着共同的语言、历史和文化，但前者于18世纪70年代借鉴英格兰、苏格兰和法国的思想拼凑起来的关于自由和代表的政治话语是新的，而且正如美国奴隶制的历史所显示的，这种政治诉求需要经历相当长的时间才能完全实现。《国富论》的最后几页反映了斯密的观点：英国试图通过武力来控制北美殖民地是在浪费时间。对伦敦来说，最好的选择就是让这些殖民地独立。在这部让人期待已久的专著的高潮部分提出这一观点，会让一些读者觉得奇怪——他们认为，这表明在伦敦的这些日子使斯密不再思考永恒、普遍的政治经济理论，而仅仅关注国家事务和短暂的利益问题。这本书"太像是为当下而写的一个出版物"，爱丁堡教授休·布莱尔（Hugh Blair）如是说（《亚当·斯密书信集》，188页）。由于提倡被许多同时代人认为不切实际和古怪的单边非殖民化政策，斯密似乎使《国富论》失去了许多价值和潜在影响力。斯密并非一个草率的作家；事实上，他的写作过程缓慢而痛苦，因此部分内容是由他口述、由秘书执笔的。那么，我们该如何解释他以这种方式结束《国富论》呢？

斯密认为，英国和它的殖民地之间的这场代价巨大的战争，生动地例证了重商主义，即"将国家财富置于硬币和货币之上的体系或理论"（《法理学讲义》，388页）的危险。重商主义者将国际贸易视为一种零和博弈，而不是一种互相说服以得到自己想要的东西的方法。重商主义者对市场的理解是：卖家赢了，买家输了，得到黄金最多的国家是赢家。重商主义精神让所有的商人都试图垄断其所从事的特定贸易，并游说政府通过限制生产（例如由同业公会推行）及利用进出口关税和奖励金（补贴）保护他们免受外来竞争的影响，来帮助他们达到这一目的。

重商主义导致了帝国主义的产生，因为这些重商主义者和政治家企图通过放眼国外来增加国家财富。“理想黄金国”和“黄金城”的故事表明，财富可能在没有任何经济活动的情况下，仅仅通过在中美洲或南美洲窃取或开采黄金和白银（这些东西在当地本来是没有价值的）就积累起来。巧的是，西班牙和葡萄牙在16世纪痛苦地发现：把新世界的黄金大量输入他们的经济实际上是有害的，不仅阻碍了制造业的发展，还会导致通货膨胀。如果没有可消费的国内生产，或者可投资的国内工业，黄金就会迅速外流到国外；主要流入与其有竞争关系的北方的新教国家，那里的农业改良者、制造商和贸易商确实能够更好地利用这些资金。

帝国的“黄金梦”已经破灭，取而代之的是建立一个消费者帝国的想法。因此，北美殖民地被限制与英国的竞争对手进行贸易，并且不能生产初级产品以外的任何东西，初级产品被送回英国加工，成品再售回给殖民地居民。受垄断的影响，殖民地居民只能从英国购买成品，而英国会为自己争取最大的利润，即购自殖民地的原材料（靛蓝染料、棉花、木材、生铁）的价格和成品（染色布、船舶、家具、钢铁鞋扣）的售价之间的差额。斯密说：“仅仅为了培养消费者而建立一个大帝国的计划，乍一看，似乎只适合于一个全民皆商的国家。”事实上，这个计划"完全不适合于全民皆商的国家，但非常适合于政府受商人支配的国家"（《国富论》，613页）。

在《国富论》的最后一段，斯密指出，北美发生的事件表明，在经历了将近300年的英国的殖民活动后，重商主义的"计划"宣告失败了。为了实现"殖民地的贸易垄断"，英国政府出台了一系列限制措施。这些措施不是为了增加产量，只是把投资从一个经济部门转移到一个效率更低的部门，在此过程中，商品的价格变得更加昂贵，而消费者还须承担更高的赋税以支付军队士兵和殖民地管理员的费用：

在过去的一个多世纪里，英国的统治者们幻想着他们在大西洋西岸还拥有一个伟大的帝国，并以此慰藉大众。然而，这个帝国迄今为止只存在于幻想之中。它不是一个帝国，而是一个建立帝国的计划；它不是一个金矿，而是一个开采金矿的计划；这个计划在过去和现在已经消耗了很大的开支，如果以相同的方式继续下去，可能会花费巨大的费用，且不能带来任何利润……我们的统治者是时候实现这个让他们或许还有大众沉迷的黄金梦了；如果没有实现，则是时候清醒过来了，并且也要努力唤醒大众。如果计划无法完成，就应该果断放弃。如果大英帝国的任何省份不能尽力支持整个帝国，英国就不该再为这些省份的战时防御出资，也不该为任何民事或军事设施的日常维护出资，并尽力使它未来的想法和设计真正地贴合其并不那么伟大的实际情况。（《国富论》，946—947页）

正如斯密在此书的前几页所指出的，一个独立的美国将继续与英国进行贸易往来，两国都会因此而变得更加富有。事实上，在接下来的一个世纪乃至更久的时间里，这个新的主权国家和英国是彼此最大的贸易伙伴。如果韦德伯恩和他在英国政府的上级们听取了斯密于1776年提出的建议，英国政府就可以避免与殖民地居民及它强大的竞争对手法国（于1778年和叛军联手）之间的五年战争，这场战争给双方又增加了一笔庞大的债务负担。

英国选择扔掉一大笔财富，以得到（且最终得到了）不必发动战争就可以得到的贸易。诚然，单方面放弃一个帝国是史无前例的，而且可能有损英国的国家威望。1779年，当英国首相诺斯勋爵告诉国王乔治三世与殖民地的战争可能不会带来任何收益时，国王说，诺斯勋爵“只是以一个站在柜台后面的商人的眼光衡量这些事”。[4]但是1781年约克镇战役的最终战败同样给英国带来了耻辱。英国军队无法理解一支强大的职业军队为何会被一群衣衫褴褛的边远地区的居民组成的队伍击败，他们哼唱着《这世界完全颠倒了》的曲子离开了约克镇。

作为人类历史上的一个插曲，重商主义和它带来的帝国主义似乎暴露了“财富增长”的一个严重缺陷。由于消费奢侈品的出现和由此导致的封建主义的衰落，普通人变得不太可能去为领主而战，其家人、社区或企业也不太可能被另一个领主的军队摧毁。不幸的是，商人们和他们的重商主义，却同样（也许更甚）渴望霸权，追求愚蠢的战争，期望能以此变得富有。

> 本世纪和上个世纪国王和大臣们那反复无常的野心，并没有比商人和制造商们那盲目的嫉妒心对欧洲和平造成更为致命的危害。人类统治者的暴力和不公是一种古老的罪恶，我担心，按照人类事务的性质来看，这种罪恶是不会消失的。商人和制造商既不是，也不应该是人类的统治者，虽然他们卑鄙的贪欲和垄断的精神也许无法改正，但防止它们打扰他人的安宁还是很容易做到的。（《国富论》，493页）

斯密认为，对利润的追逐是对公众的“安宁”的一种威胁。他指出，商人们总是说他们自己的贸易领域濒临崩溃的边缘，让公众感到不安，借此给政府施压，以获得他们想要的专卖权——可能是为了所有人的利益吧。

斯密对在商人的游说下通过的关税和其他限制政策的厌恶是发自肺腑的：“和《德拉古法典》一样，”他说，“这些法律可以说是用鲜血写成的。”（《国富论》，648页）正如他在1762年的法理学讲座中所指出的，一项旨在促进国内羊毛生产的法规把羊毛出口定为一种可判处死刑的罪行（《法理学讲义》，105页）。这些法律自然导致了走私的出现。斯密没有把走私者描述成罪犯，而是鼓励我们把他们视为好人，他们只是被保护专卖权的立法定为了罪犯。普通的走私犯“在任何方面，都可能是一个优秀的公民，如果国家的法律没有把大自然从未视为罪行的行为定为罪行的话”（《国富论》，898页）。在阐述他那血淋淋的比喻时，斯密也在思考重商主义和战争之间的极为血腥的联系。1739年英国和西班牙之间爆发的“詹金斯的耳朵战争”被描述为“维持专卖权的一种奖励金［即补贴］”。七年战争也是如此（《国富论》，616、615页）。这些商人真的像封建领主一样自私和专制。他们不仅扰乱了公众安宁，还使贸易变成了战争，夺走了同胞的生命，并给幸存者带来了巨大的战争债务。正如我们所看到的，贸易被斯密认为是大自然意在促进国际和平和相互理解的一项活动，却被商人们以他厌恶的方式滥用。

斯密承认，有时候，这些商人真诚地相信这样的措施符合公众利益，但在大部分时间他们都是贪婪的。政治家们被这种花言巧语所欺骗，部分是因为他们受到的恭维使他们相信自己可以通过明智的贸易政策实现繁荣。显赫的社会地位使他们误以为自己拥有比在他们之下的人更多的知识和智慧，并且他们有责任指导后者如何投资。然而，斯密认为他们大错特错了：

> 企图指导个人以何种方式运用他们的资本的政治家，不仅会给自己带来最不必要的关注，还揽下了一种既不能放心地交给任何个人也不能放心地交给任何委员会或参议院的权力。这种权力掌握在愚蠢、荒唐地以为自己有资格行使的人手里，是再危险不过的事情了。（《国富论》，456页）

现在该更深入地探讨斯密对政府及其职责的看法了。

第五章　政府机器，1776—1789 年

1776年3月9日，伦敦出版商威廉·斯特拉恩出版了两卷《国富论》，价格为2英镑2先令，约合今天的130英镑。与《道德情操论》相比，《国富论》显然具有科学专著的结构：开篇的“序论及全书设计”、大量的脚注，以及包含有鲱鱼渔业数据（旨在支持斯密的论点：奖励金或国家补贴没有使价格降低，反而使“渔民们”出海的“唯一目的变成了奖励金，而不是鱼”。《国富论》，522、520页）的附录。《国富论》全书共分为五篇。斯密首先探讨了在从“穷困潦倒”“野蛮”的国家转变为“文明繁荣的国家”的过程中“劳动生产力提高”的原因——劳动分工。第二篇研究了国家的“资本存量”，以及可用其雇佣“有用的和有生产力的劳动者”的经济的不同部门。在第三篇中，斯密采用了一种历史的方法来分析“财富的增长”。在第四篇中，斯密探讨了之前提出的“政治经济学理

论"，尤其是"重商主义"。最后一篇讨论了君主或国家的收入，特别是不同形式的税收以及它们的用途：偿还国家债务，为国防和法律体系以及教育和文化提供资金（《国富论》，10—12页）。结尾是对英国放弃殖民地的请求。诚然，这种清晰的结构受到了一些题外话的影响，但想必斯密认为就一本面向政治家和哲学家而非学生的作品来说，这种程度的影响是可以容忍的。

斯密（中）和法官罗克维尔勋爵（Lord Rockville）（左）以及一名海关专员在一起。

《罗克维尔勋爵、亚当·斯密先生和布朗专员》（*Lord Rockville，Mr Adam Smith and Commissioner Brown*），约翰·凯（John Kay）作，1787年，蚀刻铜版画。

政治家和哲学家们惊叹于这本“政治经济学”方面的首部重量级作品，斯密自己将政治经济学描述为“政治家或立法者的一门科学”（《国富论》，428页）。“你已经把政治学最复杂、最重要的部分变成了一个合理的一致的系统。”苏格兰历史学家威廉·罗伯逊（William Robertson）写道，他希望《国富论》“会促使某些关于政策和金融的重要文章做出彻底的改变”（《亚当·斯密书信集》，192页）。休谟对此书同样赞赏，他指出“你在伦敦的停留可能起到了很大的作用”，并期待斯密回到苏格兰，这样他们可以就一些问题进行讨论（《亚当·斯密书信集》，186页）。不幸的是，从他严重下降的体重可以看出，休谟正遭受着癌症的折磨，最终他于1776年8月25日去世。休谟和斯密的最后一次交流讨论的并不是地租和货币，而是休谟对自己的文学遗产的计划。

除了其作品的新版之外，休谟还想出版一本自传（《我的自传》[*My Own Life*]），及一本名为《自然宗教对话录》（*Dialogues Concerning Natural Religion*）的早期作品。《自然宗教对话录》曾于1750年以手稿的形式流传，它攻击了自然神学，即一种通过研究创造物和造物原则来理解身为造物主的上帝的科学。斯密要求休谟允许他拥有不出版此书的自行决定权（巧的是，休谟把一份副本给了他的侄子，他的侄子于1779年让斯特拉恩匿名发表了《自然宗教对话录》）。尽管斯密的决定似乎有些搪塞好友，但在1777年与休谟的《我的自传》一起出版的一封信中，他对休谟之死的描述透露出浓浓的真情，他评价休谟是"在人性的弱点所允许的范围内一个几近完美的贤明有德之人"。这对苏格兰教会人士来说是难以理解的，他们把无神论者说成最不可饶恕的罪人，他们会以骇人听闻的方式描述"亵渎者"的临终之时（《亚当·斯密书信集》，221页）。

1777年回到柯卡尔迪后，斯密开始了一项关于美学的研究，1749年他在爱丁堡的演讲中提到过这个主题。斯密对音乐和舞蹈中所模仿的角色尤为感兴趣。虽然这部作品在斯密死后就被付之一炬，永远无法出版，但他在爱丁堡演讲和于1788年提交给格拉斯哥文学协会的两篇论文中的观点令人印象深刻。斯密主张，音乐不是模仿（也就是说，让声乐与鸟鸣等自然界的声音相似），而是基于对声音的系统排列从而提供一种智能上的乐趣。我们的快乐是我们"对系统的偏爱"带来的无害结果。

如果斯密不是在爱丁堡海关署任职的五名专员之一，那么这部作品和其他计划中的作品就可能完成了。尽管《国富论》的成功无疑起到了一定作用，但主要是巴克勒的举荐促成了1778年的这项任命，薪水为600英镑（约合今天的38000英镑）。正直的斯密向巴克勒提出放弃津贴，但遭到他的拒绝。斯密从柯卡尔迪搬往爱丁堡的修士门。他的家中除了年迈的母亲和姨母，还有9岁的大卫·道格拉斯——斯密的表弟和指定继承人。海关署每周上班四天，要求斯密精通大量的海关法律。这些法律是重商主义者几十年来算计关税奖励金和其他伎俩的产物，目的是促进苏格兰经济的发展，同时“使所有的邻国变穷”（《国富论》，493页）。

在那个难以获得任何形式的经济统计数据的时代，海关专员的职位对斯密这种对政治经济学充满兴趣的人来说有一定的吸引力。他有足够的权力可以调查各种经济活动。他大概利用这种职务之便完善了《国富论》的后几个版本。斯密负责落实重商主义法规是相当讽刺的，这从他上任的第一天起就显而易见。他后来写信给议员和第一贸易大臣威廉·艾登（William Eden），提起他抵达爱丁堡皇家交易所广场的海关大楼的第一天，惊讶地发现一个大板子上列着所有海关署有责任找到并摧毁的违禁品。斯密发现“我几乎没有一条领巾、一条领带、一副褶饰或者一条手帕在英国不是被禁穿或禁用的”。“我想树立一个榜样，”他接着说，“就把它们全烧掉了。”他还厚脸皮地补充道，建议艾登不要检查“你自己或夫人的衣服或家居家具，以免陷入同样的境地”。尽管是开玩笑，斯密还是忍不住指出，这种重商主义的禁令总是无法产生预期的效果（即促进国内生产，阻止外国制造商的产品进入英国市场）。如斯密衣柜里的物品所示，违禁品仍然进入了这个国家，走私者将它们带了进来，而海关没有收取任何费用。“禁令的唯一效果就是令进口关税的收益减少了。”（《亚当·斯密书信集》，245—246页）起诉走私者对斯密来说应该是一项特别不愉快的任务，因为在他看来，他们是被冒犯了“自然正义”的法律定罪的受害者。

斯密认真地参加海关署的会议，比他需要的要认真多了，或者说比他的崇拜者们所期望的认真多了。斯密以前的学生们很沮丧地看到斯密把大部分时间花在管理工作上，他们认为这些工作远远不如写作重要。他们原以为他会像他的朋友休谟对待他于1752年出任的爱丁堡辩护协会的图书馆的管理员的职位似的，把海关专员当作一个挂名职位，从而有机会把时间花在自己更感兴趣的知识方面的追求上。但是，如果斯密心中有一个榜样的话，那不会是他的朋友休谟，而是他的邻居凯姆斯勋爵。休谟曾考虑在启蒙哲学家聚集的巴黎定居，他不屑于将自己的知识力量转变为像泥炭和化肥那样肮脏的东西；凯姆斯却从未离开过苏格兰，并将他的法律事业与苏格兰的哲学、法学、文学、农业和制造业结合起来。不过，当时凯姆斯的年纪已经很大了。1782年12月12日，他最后一次出现在苏格兰最高民事法院里。当他的同事们拍拍他的后背以示告别时，凯姆斯也用他喜欢的方式向他们道别："再见，你们这些婊子。"十五天后，他去世了。

两年后，斯密失去了一个更重要的人：他的母亲玛格丽特。他写信给出版商威廉·斯特拉恩说：

> 虽然在90岁高龄去世无疑是一件最符合自然规律的事情，我也因此有所预见和准备，然而，我必须对你说我对别人也说过的话，那就是和一个比任何人都爱我的、我最爱最尊敬的人阴阳相隔，即使到现在，我依然感到受到了非常沉重的一击……我在这世上的朋友越来越少，我不认为我的新朋友有可能取代他们的位置。（《亚当·斯密书信集》，275页）

斯密开始思考自己还剩下多少时间。次年，在写给法国朋友拉罗什富科公爵（Duc de La Rochefoucauld）的信中，斯密把他"另外两部伟大的作品"的缓慢进展归咎于"老年人的惰性"，而非海关专员的工作。"尽管我拼命地反抗，"斯密写道，他仍觉得它"很快地占据了我"。他对完成这两部作品并没有抱多大希望，无论是《文学、哲学、诗歌和口才的所有不同分支的哲学史》（*Philosophical History of all the different branches of Literature, of Philosophy, Poetry and Eloquence*），还是《法律和政府的理论与历史》（*Theory and History of Law and Government*）。尽管"这两部作品的材料已基本齐全"，他似乎无法把它们完成（《亚当·斯密书信集》，286—287页）。不管是什么原因，斯密在18世纪80年代的首要任务不是赶出新作品，而是确保在他离开之前，修订出令他满意的《道德情操论》和《国富论》的版本。

为了这个目的，斯密请了两次假，分别于1782年和1787年前往伦敦，以方便和他的出版商进行沟通。他的第二次旅行使他有机会请著名的外科医生威廉·亨特爵士（Sir William Hunter）为他做手术治疗，他的病可能是痔疮或肠梗阻。

在伦敦，斯密再次与政治精英们交往，其中包括威廉·皮特（William Pitt）的政府中的重要人物。尽管这些人很欣赏斯密的作品，甚至引用他的作品来支持1786年与法国签订的自由贸易条约（以前文提到的威廉·艾登的名字命名），他们似乎并没有向斯密请教太多政策上的问题。

斯密如何看待“人民”和立法者之间的科学和关系？希望促进公共利益的“公德心”和把西欧从封建依赖中解放出来的实际的“财富增长”之间的关系是什么？要回答这些问题，我们不仅要借鉴《道德情操论》和《国富论》，还得翻阅斯密在18世纪60年代教授的法学课程，这大概就是他为《法律和政府的理论与历史》这本书准备的“材料”。不幸的是，斯密烧毁了这些课程的文本，所以我们不得不依赖于1895年和1958年发现的两套学生抄本，即《1762—1763年的讲座报告》（*Report of 1762-3*）（六卷本）和《1766年的讲座报告》（*Report dated 1766*）（一卷本，大概可以追溯到1763—1764年）。这些誊写者可能做了整理，并根据听课时所做的速记笔记而重建了部分文本。《1766年的讲座报告》可能是为了向其他学生出售，算是一种抄袭材料。显然，我们不能确定这两种抄本内容的准确性。如果知道后世了解他们的思想的唯一来源竟是他们的本科学生的笔记，很少会有教授觉得舒服。

就像认为阅读哈奇森关于仁爱和道德感的著作使得哈奇森的读者们具有公益精神一样，斯密在《道德情操论》中写道：

> 没有什么比政治学研究——即研究不同的公民政府的系统及其优缺点，研究我们自己国家的体制、它的处境、它与其他国家的利益关系、它的商业、它的国防、它的弱点、它可能遇到的危险，以及如何消除这个、如何防范那个——更能促进公共精神的了。因此，政治学研究——如果公正、合理的话——是所有的理论研究中最为有用的了。

思考哈奇森的道德哲学体系，让我们对自己潜在的讲公德的行为有良好的感觉，并可能真的让我们做出“正确”的行为选择。但这并不意味着，这个基于所谓的道德感建立起来的体系，系统地解释了为什么我们称某些行为是“正确的”，而某些行为是“错误的”。正如我们已看到的，斯密向我们说明了哈奇森的系统如何没有给出这些解释。思考某个特定的“公民政府系统”的“关联和依赖关系”（例如，1787年起草的美国宪法里著名的“三权分立”），会使我们对自己感觉良好，并能“把公德心灌输到那些似乎不在乎国家利益的人的心中”（《道德情操论》，186页）。但这并不意味着这些“关联和依赖关系”有条理地解释了为什么我们称某些“公民政府系统”为公正的，某些为不公正的。

从这个角度看，“政治学”和“政治经济学”是一种说服的手段，一种唤醒道德情感的方式，这些情感一旦释放出来，就会真正地“起作用”，让人类社会变得更好。这些情感是建立在“效用之美”，即美学的基础上的。它们指向的不是实际的效用，而是效用的形态。这似乎是通向好的政府的迂回路线。如果像斯密所说的那样，“所有政府体制”的“唯一用处和目的”是“让生活在这个体制里的人幸福”，那为什么我们不能仅仅出于渴望促使这一点发生而去完善那些体制呢？因为我们常常被对“体系”的偏爱，即“对艺术和设计的一种热爱”所误导。

斯密认为，我们喜欢效用的形态而非实际效用的倾向，并不局限于政府问题，还可以用“上千个实例”加以说明。任何一个曾经和有洁癖的人住在一起的人都知道，这种人特别喜欢把家具按一定的方式摆放，即使这样反而更不方便。在斯密的时代，当房间没在使用的时候，桌椅通常会靠墙放置，而在使用之前，会按要求提前摆放好。斯密设想了一种因为希望得到方便而移动这些家具，却反倒给自己带来不便的场景：

> 一个人走进他的房间，发现椅子横七竖八地立在房子中央。他很生仆人的气，为了不再看到这种杂乱无章的状况，他可能会不计麻烦地自己动手把它们全都靠墙放好。摆放好后的新环境的合宜性只在于使地面保持空旷会带来更多的便利。为了获得这种便利，他主动使自己承受了比没有这种便利时他所要遭受的更多的麻烦，因为没有什么比直接坐在椅子上更容易的了，而这很可能会是他在自己动手摆放完椅子后所做的事。（《道德情操论》，180页）

斯密指出，如果实际效用是所有美和道德的基础，那么我们“赞美一个人的理由并不比赞美一个衣橱的理由更多”（《道德情操论》，188页）。显然，这个人有我们可以（或者不可以）分享的情感，而衣橱却没有，这使我们对它们有不同的感觉。斯密对自己的这一观察感到自豪，他写道：“据我所知，迄今为止，还没有任何人注意到这一点。”（《道德情操论》，180页）正如他在此书前面的部分中所暗示的，它代表了休谟观点中的一个漏洞。虽然没有指名道姓，但当他提到“一个聪明、和善的哲学家”认为我们欣赏物体的效用是因为它显示了“适合于增进的某种乐趣或便利”时，他显然指的是休谟。

回头再说斯密的研究对象——“似乎不在乎自己的国家的利益”的人，我们不会通过向他描述“一个治理良好的国家的臣民”所享受的物质利益来激励他为了“公德心”而行动。我们不会试图唤起他的仁慈之心。相反，我们会向他指出“政府机器的齿轮如何能以更和谐、更顺畅的方式运转，而不会相互摩擦，或者相互阻碍”（《道德情操论》，186页）。我们会唤起他“对设计的热爱”，唤起他观察一台运转良好的机器所享受的乐趣。这是为什么呢？为什么我们对政治经济学和宪法的兴趣与斯密所说的我们对他人的命运自然而然产生的兴趣不同呢？为什么这样的讨论使我们“渴望增进我们的同胞的幸福感，与其说我们对他们遭受的痛苦或享受的乐趣有直接的感觉或感受，不如说我们想要完善和改进某种有序而美丽的体系”（《道德情操论》，185页）？

这是因为虽然“人性”和“公共精神”是类似的品质，对我们的要求却截然不同。要合乎人性，我们只需要做“这种敏锐的同情心自然而然地鼓励我们去做的事情”（以第二章所描述的方式）；拥有公众精神，则需要我们把另一个人的兴趣和感受置于我们自己的之上。斯密指出，我因为“别人更有资格”而不再追求升职，并不是出于对别人的快乐情绪的同情。同情让我做出这种行为的唯一条件是，我能想象得到那个被升职的人所感受到的快乐比我自己升职时所感受到的快乐要更多。换句话说，我不会因为“对他人的事情感觉比较敏锐”而退却。这是不可能的，毕竟，我的首要责任是照顾好我自己，我也感受不到直接受影响者所感受到的那种快乐的“音调”。不，我这样做是因为我看到了更大的图景：我“宽宏大量地”按照我认为“任何第三者都能自然想到的”“对事物的看法”行事。我没有感到痛苦，而是得到了公正的旁观者的认可。无论我是否真的得到了这种赞美，我都愉快地知道自己有优点，值得称赞。斯密的结论是，“赞许的情感来自于对效用之美的感知，它和他人的情感没有任何关系”（《道德情操论》，191、192页）。

体系的美妙之处在于，就像一块制作精良的手表，它们的

“关联和依赖关系”构成了一个由不同要素构成的复杂网络，而这些要素只有以一种特殊的方式排列组合时才会起作用。

> 手表的齿轮都被巧妙地调整以完成它的使命——显示时间。它们各自都以最有效的方式运转，协力完成使命。即使它们被赋予了完成这个使命的愿望和意图，它们也不可能做得更好了。不过，我们不认为它们有这样的愿望或意图，只有钟表匠有，而且我们知道它们是在弹簧的作用下运转起来的，这根弹簧也和它们一样，没有任何此类愿望或意图。（《道德情操论》，87页）

对于这样的机器，我们会区分“动力因”和“目的因”。然而，当“自然”和“理性”把我们引向平行的方向时，我们把功劳归于后者（目的因），而非前者（动力因）。

“当自然原则引导我们去追求智慧开明的理性也建议我们去追求的目的时”，我们会忽略“自然原则”，宣称我们被“普遍的仁慈”“正义的必要性”“效用之美”或“公德心”（我们或者还会加上“民主原则”，也确实如此）感动，欣赏那些有公德心的人（并惩罚那些没有的人）（《道德情操论》，87页）。然而，斯密坚持认为，这些都是次要的，引导我们采取行动的实际上是知识合理化，它与“自然法则”截然不同。正如历史学家努德·哈孔森（Knud Haakonssen）所指出的，研究斯密的思想，我们必须区分“使其正当和发生的理由，与接下来事情发生的顺序”之间的不同。[1]一开始，我们的行为受自然本能所驱使；直到后来，我们才试图弄清楚为什么要按照这些原则行事。

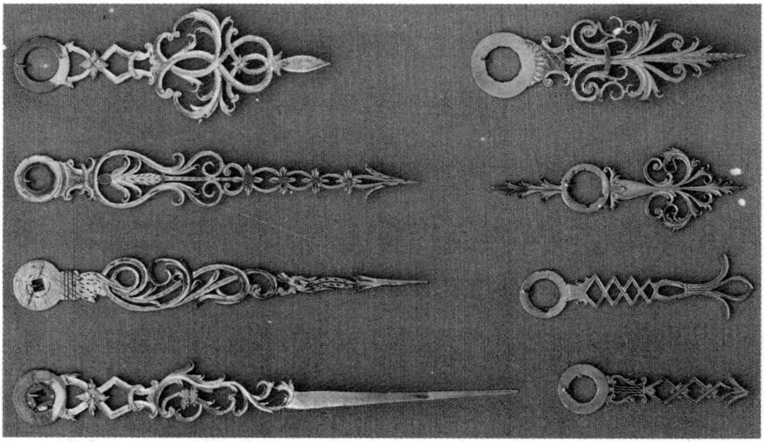

“即使被赋予了指示时间的愿望和意图”，这些18世纪的法国钟针“也不可能做得更好了”。但我们知道它们并没有这样的“愿望”。

正如我们已经看到的，重商主义者不断地敦促政治家们以公共利益的名义进行干预。重农主义者和其他“支持体制的人”也期望政治家能自上而下地推行彻底的改革。在《国富论》中，斯密提到了魁奈，并把“政治体”只有在“正确的体制”下才能繁荣发展的观点归功于他。因此，法国能繁荣发展的唯一情况是，魁奈的重农主义计划及其所有的“关联和依赖关系”得以全面实施，并且丝毫不考虑受影响的个人。魁奈的计划没有考虑到“每个人为了改善自身的状况都不断做出的自然的努力”，这是一种“保护性原则”，在这种原则的保护下，政治体尽管“受到了政治经济在一定程度上的不公平和高压的不良影响”，仍能繁荣发展。“如果一个国家没有完全的自由和完美的正义就不能繁荣昌盛的话，那么世界上没有一个国家能够繁荣昌盛。”（《国富论》，674页）在其他地方，斯密更进一步地指出，“纯粹的正义”“在大多数情况下，只是一种消极的美德”。它主要告诉我们不该做什么。“我们往往静静地坐着，什么也不做，就满足了正义的所有要求。”（《道德情操论》，82页）

斯密相信，我们天生的性情不仅能保护社会，而且能让它享受一定程度的繁荣，不管政治经济体系或当权者所拥护的政治体制为何。这可能是为了让人安心吧。无论政治家按兵不动还是按照这个或那个“政治经济”体系采取措施，结果基本是相同的：为所有人带来更大的繁荣。然而，对今天的我们来说，有几点似乎不太令人满意。承认本能的力量在我们和我们的命运之上，就相当于放弃了我们的自决权。对这一权利的认可是合理的，是一种宝贵的遗产，是我们感到自己作为为投票权、信仰自由、言论自由等而进行的历史斗争的受益者所应该享有的东西。如若不珍惜，就会感到是不负责任且忘恩负义的。看来，我们不得不觉得人类社会应该由“书面和正式的法律”来管理，虽然看一眼人类历史就足以让我们承认斯密关于这种法律实际上代表的是“一个非常完善的政府……我们所见的只是它的最新阶段”的论断是正确的（《法理学讲义》，213页）。当然，相信我们生活在一个井然有序的“政府机器”中，同意被征税，也同意履行国家强加给我们的其他义务，更能维护我们的个人尊严。

斯密承认，这是意料之中的事情，某些行为会诱发愉快的情绪，而不愉快的那些会让我们形成道德，即“为每种情感决定哪些行为是其对象，哪些行为不是其对象的一般性规则”。然而，一旦形成，我们就会发现自己对这些规则的诉求是“判断人类行为公正与否的最终的基础”。如果有必要，它们可以提供一种“责任”的标准，即使没有合宜的道德感，此标准也足以成为“指导他们的行动”的 “唯一的原则”。“然而，”斯密说，“通过训练、教育和示范，几乎所有人都对一般性规则产生了深刻的印象，从而在任何场合下的举止都不失体面，他终其一生都会避免犯下大的过错。”（《道德情操论》，162—163页）然而，斯密强调的是培养个人的道德判断，而不是制定一套规则，这让它显得次优。各个社会阶层对“一般性规则”的倚重误导了“一些非常著名的作家”，使他们以为我们对于对错的判断“和法庭判决的形成方式一样，首先考虑一般性规则，然后考虑特定的行为是否在该规则的适用范围内”（《道德情操论》，160页）。对（建立在怨恨之上的）“纯粹的正义”的诉求可以用这种方式来考虑，但对仁慈（如感恩）的诉求却不能。有哪个法庭能够或愿意强制我们履行感恩的义务呢？强制做出的慈善不是仁慈，只有“随心而发”的善行才是善行。

斯密说：“政府是为了保卫人民财产的安全而设立的。”（《法理学讲义》，324页）纳税使我们更好地享受好的政府所带来的安宁和安全，无论在人身方面，还是在财产方面。

“著名的作家”从君主和人民之间缔结的契约的角度来理解这一点。根据这一普遍观点，如果我们的立法者不能提供这种安宁和安全，我们可以反抗他们。斯密坚持认为，我们的忠诚不是建立在自愿的契约的基础之上，无论契约是显性的还是隐性的。即使是建立在契约的基础上，也是不合理的。

> 人民忠诚的基础是隐性契约的论断一点也不合理，我们看到，遵循这个计划的作家所提出的限制条件，事实上，在任何国家都是少见的……这是洛克先生制定的一项原则，即当君主在未经人民同意的情况下，通过征税从他们手中拿走他们的钱时，他们有权拒绝。我们看到，在法国、西班牙等地，人民是否同意是最不被考虑的；国王喜欢征什么税就征什么税。只有在英格兰，人民的同意是必须的，但天晓得这只是一种象征性的同意。苏格兰的情况要比英格兰更甚，但很少有人投票给做出象征性同意的国会议员；不过，这在任何地方都不足以构成引起叛乱的原因。（《法理学讲义》，323—324页）

只有“一小部分人，例如读过洛克的作品的人”说起这种同意（《法理学讲义》，316页）。斯密指出，我们中有些人喜欢谈论的正义和民主都是“象征性的”，是一种“似是而非”的运用。和重农主义者一样，我们被警告不要把这些小模型当作现实。

也许我们关于斯密的最大的问题是其对政治的明显忽视或嘲笑。无论是作为历史学家解释我们的动机，还是作为心理学家解释，斯密都把我们认为应该优先考虑的事情放到了最后。他把安全和繁荣放在正义和自由的前面。“即使天塌下来，也要做到公平（Fiat Justitia，ruat caelum）。”关于自由（libertas），我们也能够说出同样的话。我们珍惜它们可以仅仅是为了它们自身，而并非作为达到另一个目的的手段或这个目的的意外后果。然而，斯密看起来就是那样认为的。对他来说，封建领主的暴政终结，军队里的仆人们获得自由和独立，并非是仆人们要求自己的“自然权利”的直接结果，而是领主放任自己对“无聊的小玩意儿”的虚荣心而带来的意外后果。由此产生的“财富的增长”最终使我们（再一次通过迂回的路线）进入“生活必需品和便利品很容易得到”的状态。“除非物质唾手可得，否则就称不上富裕。”（《法理学讲义》，343页）。不过，就连“唾手可得”这个词也不能对富裕做出令人满意的解释。

如果我们不同意这样做，为什么还要服从权威呢？斯密的回答是，我们很少停下来思考这些事情。服从是盲目的。斯密说，大多数人的服从是基于“威权原则”，是对当权者的一种尊重和顺从，类似于我们对父母的尊重。它也基于“共同或普遍利益的原则”，这是一种稍微有意识的顺从，建立在向现有政府屈服比推翻它更为明智的判断上（《法理学讲义》，318页）。虽然“政府给我们带来了不便”，虽然它的司法“不是最完美的”，我们也认识到，“当政府的行事基本适度和体面时”，试图“推翻”政府具有在随后的动荡和混乱中失去生命与财产的风险（《法理学讲义》，322页）。斯密承认，当面对权力的“公然的明显的滥用”时，人民有权反抗，但他觉得没有必要确定反抗具体在什么时候变得合理。对他而言，这没有固定的节点，是因情况而异的。

政府的首要职责是保护人民不受其他国家的攻击。在某些情况下，国防重于人民的自由以及斯密对国家强制垄断的憎恨。1651年颁布的航海条例旨在通过确保英国随时都有大量经验丰富的海员驾驶船只来巩固英国的海军防御。该条例要求在英国和英国殖民地之间运输的货物必须用英国海员驾驶的英国船只装载。在斯密的时代，英国经常与法国和其他欧洲国家交战。在这种情况下，快速移动是非常重要的。斯密指出，航海条例大大阻碍了外国与英国的国际贸易，但是国防取决于“海员和船只的数量”，所以，该条例“［力图］使英国的海员和船只得到本国航运业的垄断权”（《国富论》，463页）。

在斯密的时代，许多争论围绕着英国陆军应该是一支由中央政府出资组建的专业军队（可以是从德国的某个贫困州聘请的雇佣兵，例如被雇来对抗北美殖民地叛军的那些雇佣军），还是一支由不为获取薪酬、只为保家卫国的民兵组成的军队。巴克勒的国防兵就是这种志愿部队中的一支，受到了斯密的朋友亚当·弗格森（Adam Ferguson）的强烈推崇。1745年，类似的临时志愿部队在爱丁堡涌现，宣称要保护这座城市不受波尼王子查理领导的雅各教派的影响。他们的行动没有任何效果。尽管斯密当时在牛津，也听说了这个引人注目的奇观：一群无知、贫穷、挥舞着斧头的高地农民在人口稠密、富裕“发达”的苏格兰地区畅通无阻地向南进入英格兰。

在这个问题上，斯密似乎左右为难。一方面，他意识到火药和枪支的发明使战争更加关乎资本，而非人力或爱国主义：拥有更多资本的国家会赢，因为它可以购买更多的枪支、火药和子弹。在现代战争中，死亡是由隔着一段距离的一群人带给另一群人的，而不是由一系列面对面的近身肉搏造成的。“在战斗开始之前的很长一段时间内，每个人都感到自己随时可能遭遇看不见的死神”，所以高水平的训练、装备和纪律是非常必要的（《国富论》，699页）。这使得战争不仅成为“一门非常复杂的科学”，而且实际上成为一种“贸易”（《国富论》，695页）。火药的发明带来了意想不到的好处，那就是保护商业国家不受他们曾接触过的畜牧国家或农业国家的军队影响。农业生活方式的多样性和季节性不仅使农民有更强健的身体，而且使他们在夏季农场没什么事情可做时能够去参加战役，而不必担心农场的产量降低。在商业社会中，劳动不仅更加专业化（有越来越少的工人能保持全面的身体健康），而且有持续性。农民无论是在农场上还是在战场上，都不影响农作物的生长，但在制针匠加入军队的那一刻，非农业生产就停止了。

但另一方面，斯密也看到，像后备军或民兵部队这样的周末军队制度是如何增进同胞们的爱国热情的。同一个社群的人一起训练不仅能令身体更加健康（这本身就是一件好事），而且能变得更加快乐，因为不同行业、不同阶层的人凑到一起，

民兵或许能培养出社群情感，然而这在现代战争中毫无意义。
《行进中的民兵乐队》（*A March of the Train Bands*），马修·戴利（Matthew Darly）和爱德华·托珀姆（Edward Topham）作，1777年，蚀刻版画。

会因为相互同情而培养出“习惯性情感”。正如我们所知道的，即使被这些人带着同情心分享的情感是令人不快的（在潮湿的户外睡觉带来的不适、对糟糕的食物的厌恶、对那些只是表面上有用的规则的恼火等），分享这一行为本身也给他们带来了快乐。斯密似乎认为这些事情是有价值的，盖过了这些士兵的军事力量不如全职雇佣兵的事实。他认为，“尽管人民的尚武精神对于社会防御没有任何作用"，但这种训练对"公共利益"能起到很大的作用（《国富论》，787—788页）。由此可推测斯密会支持强制服兵役的制度。

政府有教育其人民的责任。与斯密对民兵的看法一样，斯密的政府试图弥补劳动分工对工人的不良影响。劳动的细分导致了所谓的劳动"异化"，这是卡尔·马克思对资本主义批判的核心。在《1844年经济学哲学手稿》（*Economic and Philosophic Manuscripts of 1844*）中，马克思认为，工人不拥有他所生产的东西，事实上，他是"被迫"进行生产的，劳动成果对于他来说是"怀有敌意的与他格格不入的东西"。[2] 斯密对这种现象进行了浓墨重彩的描述：

> 一个人如果一生都在重复一些简单的操作，而这些操作产生的结果很可能也总是相同或相似的，那他就没有机会思考，也没有机会去运用他的聪明才智寻求解决困难的方法，因为他永远不会遇到困难。所以，他自然而然地失去了努力的习惯，变成最愚蠢无知的人。精神的麻木不仅使他无法享受或参与任何理性的对话，而且使他丧失了任何有关宽容、高尚或温柔的情绪，甚至对个人生活中的职

> 责都无法做出适当的判断……这种单调乏味的生活慢慢地消磨了他的意志……甚至破坏了他的身体，使他无法有活力、有毅力地发挥自己的力量……由此看来，他对自己的特定职业的精通，似乎是以牺牲他的理智德性、社会德性和军事道德为代价的。在每个进步和文明的社会中，如果政府不采取措施加以防范的话，占人口大多数的贫民势必都会陷入这种状态。（《国富论》，781—782页）

在这里，“精通”似乎导致了“畸形”，斯密在描述这种畸形状态时，将其等同于严重的身体缺陷。“他的精神上的残缺和畸形，”斯密写道，“与他的身体失去了重要的部分或丧失了某种功能是一样的。”如果说有什么区别的话，那就是工人的情况更加糟糕，“幸福和痛苦的感觉完全存在于头脑之中，所以更多地依赖于健康或不健康、健全或不健全的精神状态，而非身体”（《国富论》，787页）。

斯密没有就此止步，他接着描述了由此产生的严重的政治风险。虚弱的身体和“麻木的状态”并没有使他们变成对政府毫无威胁的懒惰者，思考能力的丧失反而使他们容易被煽动者欺骗。他们的判断力变弱了，无法看透那些向他们承诺乌托邦的革命计划。他们易受“狂热或迷信影响，而这些在无知的国家里，常常引起最可怕的混乱”（《国富论》，788页）。读到这里，我们可能会想到政治“设计者”，但这也有可能是指宗教“狂热”。

斯密说，我们可以通过国家资助的“娱乐”项目来对抗这种危险的“麻木”，这些项目的目的是防止人们变得过于忧郁，可以被看作是在“只工作、不玩耍……”的情况下的“面包和马戏”。斯密在这里的具体所指尚不清楚，但有可能是指国家支持的音乐和戏剧项目。在巴黎的时候，斯密很喜欢去法国歌剧院看演出——这是一个由国家资助的文化项目。虽然没有迹象显示斯密跳舞，他却的确思考并写了有关舞蹈的文章，所以这也许可以作为另一个例子。斯密显然不认为国家对艺术的资助是浪费金钱。

斯密用了更多的篇幅探讨第二个解决方案：由国家资助教育。他说，事实上，这主要是针对穷人。这不仅是因为相比富人，穷人不太可能付得起孩子的教育费用，也是因为为了补贴家用，穷人不得不让自己的孩子早点儿开始工作。斯密说，教育的标准是不同的。

> 任何一个文明社会的普通人都无法受到和有地位有财富的人所接受的一样好的教育，但是教育最重要的几个部分——读书、写字和记账，是可以在很早的时候就学会的，即使是打算从事最卑微的职业的人，也大多都有时间在开始工作之前就将它们学会。只需要很少的支出，国家就可以促进这几部分的教育，并鼓励甚至强制全体人民接受这些教育。

“国家”应该在每个教区都建一所学校，并支付教师工资的一部分（而不是全部）（《国富论》，785页）。斯密根据自己在牛津大学时的经验，担心如果教师或大学讲师的工资完全由国家或捐赠基金支付，他们将不能很好地履行自己的职责。尽管贫穷的父母可能只支付了一小笔钱，但他们支付的这笔费用（而不是什么也不付）为老师们做好自己的工作提供了一种激励。

斯密对国家责任的论述以提出国家有义务提供一个自由、公平、公正的法律体系收尾，这个观点就不那么值得注意了。接着，他开始探讨国家的收入，例如税收。税收对富人的影响要大于穷人，但不应侵犯个人隐私。斯密认为收入申报是一种侵犯，所以他应该会反对首相威廉·皮特于1797年推行的个人所得税。但是，斯密支持消费税，尤其是奢侈品税，因为消费是一种选择。例如，那些开着大型“豪华车”的人，应该比小型车的司机支付更多的道路税（《国富论》，725页）。斯密提倡这种税收可能是基于道德上的考虑，以抑制“富人的懒惰和虚荣”。

斯密还主张取消奖励金，及对进出口货物征收适度的关税。他说：“重税有时会降低人们对征税商品的消费，有时会促发走私活动，因此往往会使政府得到的税收少于在赋税较轻时所获得的税收。”（《国富论》，884页）。不过，他倒是提倡设立奖励金以资助将煤炭运往不产煤的地区，他认为对“海运煤炭”（用驳船把煤炭从储量丰富的英格兰北部运往南部）征收的税使这种燃料变得更加昂贵，这对穷人是不公平的（《国富论》，874页）。考虑到斯密对平静的重视，他对于让每个人都清楚纳税的金额、时间和方式的必要性的强调也就不足为奇了。综观所有国家的历史可以看到，即使是“一点点的不确定”，也比“很大程度上的不公平”更加糟糕（《国富论》，826页）。

结论　头脑、心灵和手，1790 年

尽管在1782年和1787年到访伦敦期间，斯密的肠道问题得到了一流的医疗，但他的健康状况并没有好转。这一点加上前面提到的“老年人的惰性”，使他优先处理更重要的事情。其他作家可能会选择仓促地出版新作，斯密却把关于法律和政府的新作品的草稿放在一边，将时间和精力投入到修订他的第一本书的新版本上。《道德情操论》自1759年首次出版以来，已经出版了五版修订本、一版德语译本和两版法语译本。斯密知道这第六版将是由他修订的最后一版。在此书开头的《告读者》中，斯密解释说，“生活中的一些琐事”使他不能像他计划的那样仔细地完成修订工作。他说，自1759年以来，“我想到了几处要修正的内容，以及许多可以用来说明书中的一些理论的例子”（《道德情操论》，3页）。

斯密在第五篇（探讨风尚对我们的道德判断的影响）和

第七篇（从更历史性的观点评述其他道德哲学体系）之间增加了一部分新的内容，形成第六篇。第五篇中新加的关于风尚的不良影响的描述，以及第六篇中对"审慎"的强调，可视为斯密为减少《道德情操论》和《国富论》之间的差异而做的一些努力。根据他自己的说法，新加的第六部分构成了"一个实用的道德体系，篇名是《美好的品德》"（《亚当·斯密书信集》，320页）。这表明，"生活中的各种意外事件"和写作《国富论》并没有使斯密的视野从由对美德的热爱所激励的自我和社会，降低为由追求务实的审慎激励的自我和社会。正如我们将看到的，斯密确实认为建立在"冷静的审慎"的基础上的社会会相当地繁荣和安宁。但这是次优的。除了"冷静的审慎"，还有一种"高级的审慎"能够提供更多的可能。

《道德情操论》的新版本于1790年6月出版。从1790年1月起，斯密的手就抖个不停，使他难以写作，无法参加海关署的工作，也无法进行交际拜访。他写的最后几封信之一是向他的伦敦出版商托马斯·卡德尔（Thomas Cadell）询问新版本的销量如何，他写道："你可以放心地告诉我真相，因为我对赞扬和批评已经完全不在乎了（《亚当·斯密书信集》，324页）。"斯密于1790年7月17日在他在爱丁堡的家——潘梅尔

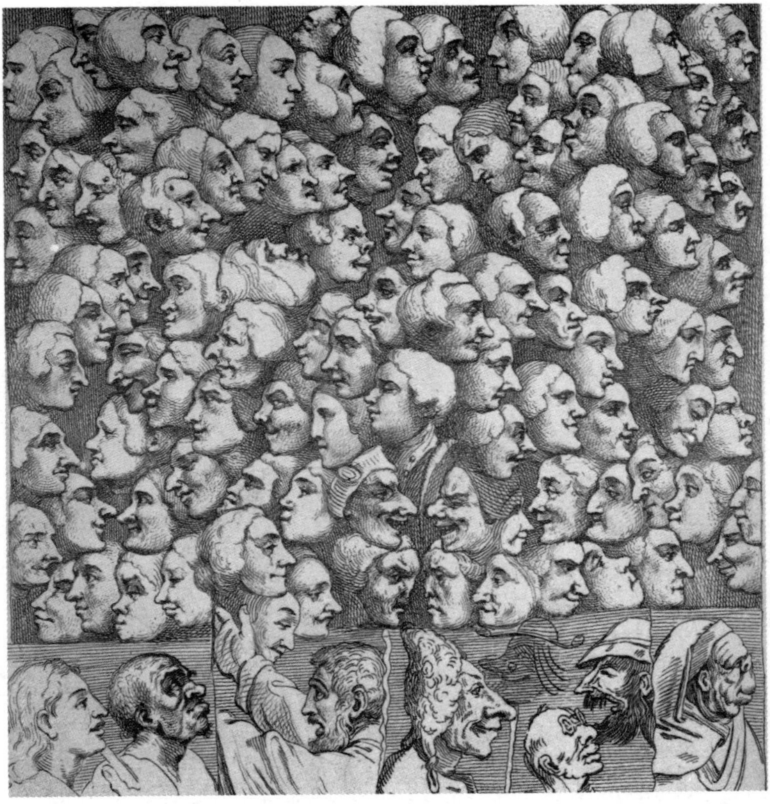

《人物和讽刺漫画》（*Characters and Caricaturas*），威廉·霍加斯作，1743年，蚀刻版画。

府邸（Panmure House）中去世。与穷人的儿子不同，他在去世前即使不能拥有身体上的舒适，也一直保持着精神上的平静。5天后，他被安葬在修士门的教堂墓地。报刊上几乎没有提到他的死讯。斯密曾为好朋友休谟的陵墓的奢华感到难堪，这座精心设计的陵墓傲然矗立在爱丁堡的卡尔顿山上；在山下的城市里，斯密自己的坟墓则以一块简陋得多的石头来标记，很容易被今天的人们忽略。与休谟不同，斯密并没有采取周密的措施来确保其未出版的手稿出版面世。斯密本来计划给他的遗嘱执行人们留下指示，让他们把所有的草稿全部烧毁，除了《天文学史》的草稿——这本书在斯密去世后的当年被人出版。但在生命的最后时刻，由于担心这些指示可能得不到执行，他自己焚毁了16卷材料。斯密没有花费任何时间去写诸如卢梭的《忏悔录》或休谟的《我的自传》之类的自传性质的沉思文字。

在这里，斯密又一次践行了自己的哲学观点。正如他在《道德情操论》中所说，“尽管每个人，如谚语所说，对他自己来说都是全世界，但对其他人而言，他是微不足道的”（《道德情操论》，83页）。除了认为这样的沉思不太可能引起读者的兴趣，斯密人人平等的信仰也阻止他这样做。自传倾向于把一个人的各种成就展现为命运注定，展现为其天生的人格特征和独特个性的必然产物，而非一系列“不同的意外事件”。斯密的看法与此相反，他认为哲学家和“搬运工”在出生时是难以区分的，他们的不同“命运”是“习惯、习俗和教育经历”的结果（《国富论》，29页）。不幸的是，消费社会鼓励我们把自己看作独一无二的，它向我们承诺，在令人眼花缭乱的各种各样的产品中，总有一款表达了“我的个性”，是“适合我”的。社交媒体为包装这个“精心策划的自我”提供了更多的机会。因此，虽然我们的选择变得更容易预测，更没有个性，我们把当今的自我看作比斯密时代的普通自我更加独特和令人着迷，也就不足为奇了。2005年对美国青少年进行的一项调查发现，80%的青少年认为自己“非常重要”，而在1950年，这个数字只有12%。而在过去的20年里，通过询问类似的人群他们是否同意一系列陈述（包括“应该有人为我写一本传记”）而得出的“自恋平均分数”上升了30%。[1]像斯密这样敏锐和谦虚的思想家和观察者，能够认识到任何“自我”都不是天生的，而是由人类创造的，也就不太可能对“最糟糕的对象，即一个人的自我”给予太多的关注（《亚当·斯密书信集》，196页）。

《道德情操论》的第六篇概述了三种美德，首先论述的是审慎的美德。斯密将审慎定义为“关注健康、财富、地位和个人名誉等他这一生的舒适和幸福主要依赖的对象”（《道德情操论》，213页）。审慎的人把自己的安全放在第一位，因此在改善自己的处境时，他不会选用冒险的方式，而是先学习与他的职业相关的“真正的知识和技能”，然后“勤勉、勤奋”地加以运用。他的“节俭”也得到了公正的旁观者的完全认可，因为他放弃了眼前的一点点“轻松和快乐”，以期在“更遥远的未来享受到更长久的”轻松。和审慎的人对话可能不是那么有趣，但他有礼貌而不张扬，诚实而不会过于直率，更善于“建立友谊”而非社交（《道德情操论》，214—215页）。

审慎的人对自己的事情的关注给他带来了一种真正的平静，他更喜欢这种平静，而不是野心带给穷人的儿子的“虚无的荣光”。穷人的儿子牺牲眼前和未来的平静以换取幸福的道具（而非真正的幸福），审慎的人却在不牺牲平静的前提下丰富了自己。尽管他是一个很好的商人，你却不会发现他痴迷于利润——这是指“为了获得或节省一先令而处心积虑”。对金钱利益的这种痴迷“会令最庸俗的商人被邻居们鄙视”（《道德情操论》，173页）。他从不傲慢，从不先己后人。遗憾的是，他对平静的偏爱使他忽略了“做最伟大、最豪迈的事情所能享受到的真正的坚实的荣耀”。这种局限性使得审慎从未被认为是“最讨人喜欢或最尊贵的美德之一；它受到一定程度的冷静的尊重，却似乎无法得到强烈的喜爱和赞美”（《道德情操论》，216页）。

认真的习惯会使勤劳的学徒（中）成长为审慎的雇主甚至市长。威廉·霍加斯的《勤劳与懒惰》（*Industry and Idleness*）作品中的第一张图，1747年。

讲完了审慎的人，斯密开始讲“智慧而具美德的人”。“智慧而具美德”这个词令人注目，因为有的人可能会认为拥有美德就足够了。斯密和亚里士多德的观点一致，美德关乎行动，而非状态。他鄙视那些"哀怨忧郁的道德家们"，他们对所有人都表示同情，不管他们是否有能力为这些人提供任何帮助。善行（行善）远胜于善心（祝福）。也许斯密对判断力的作用的强调，以及他认为美德与做出判断（首要的是，对合宜性的判断）的能力有关的看法，使他将美德与智慧联系在一起。也许，美德与智慧的结合反映了斯密认识到了人性的弱点以及非预期的后果和可能，它们使得一直遵循美德的激励行事变得不那么明智。因此，斯密写道，当"公众不满"的时候，一个明智的爱国者需要"最高的政治智慧"来确定是"重建旧体制的权威"，还是尝试建立一个新的体制（《道德情操论》，231—232页）。这种智慧并非晦涩的理论，相反，它是切实可行的，其主要特征是"politic"，指的是这个形容词现在很少用到的意思："明智的、合宜的、合乎情理的"。[2]

另外两种美德影响的不是自己的幸福，而是他人的幸福。首先是克己自制或宽宏大量（其字面意思是"灵魂的伟大之处"）。《牛津英语大词典》将宽宏大量定义为"对自己高度尊重，在面对困难时表现出平静和大度"，以及"思想或意志的伟大之处，构思、志向、精神的伟大或高贵"。[3]收藏于卢浮宫的雅克-路易·大卫（Jacques-Louis David）的著名画作

《扈从把他儿子的尸体送给布鲁图》（*The Lictors Bring to Brutus the Bodies of his Sons*）（1787年）描绘了一个宽宏大量的例子：贤明的政治家布鲁图下令处死自己的两个试图发动政变的儿子。他表现出英雄般的自我克制，把罗马共和国的稳定放在了自己的家庭之前。与不擅社交的审慎的人相比，宽宏大量的人积极地寻求他人的赞扬，并渴望得到他人的关注。这使得他追求荣耀，因为荣耀受到的是热烈的尊重而非冷静的尊重：

> 渴望他人的尊重和赞赏，如果是基于理应受到尊重和赞赏的品质和才能，则是对真正的光荣的真正的热爱；这种情感，即使不是人性中最美好的，也肯定是最好的之一。

为了赢得这种尊重，必须抑制那些会在极度紧张的时刻爆发出来的情感（恐惧和愤怒），以及那些不断诱惑我们的情感（对快乐和赞美的喜爱）。这种克己自制在动乱中是最明显的：伟大的帝国和国家之间的史诗般的斗争和冲突，会激发出一种 “头脑中的战争”，这种战争对敏感或情绪化的人来

布鲁图（左前）宽宏大量地将共和国的利益置于他对儿子的喜爱之前。

《扈从把他儿子的尸体送给布鲁图》，雅克–路易·大卫作，1787年，黑粉笔、钢笔和墨水。

说似乎有些难以承受，它需要一定的“坚韧和坚定的性情”（《道德情操论》，245页）。

审慎的人，如果能够达到他的适度目标而“不遭受损失或危险”，则不需要“财富”（《道德情操论》，213页）。斯密坚持认为，努力工作和其他审慎的习惯从长远来看总会带来回报。而就（非常）短暂的期间来说，基本的体面很容易就能获得，平静带来的真正乐趣也几乎总是唾手可得。“危险”或“财富”只有在“野心”冒头的时候才会出现，用种种幻想——例如巨大的财富（仅靠努力工作是无法得到的）和恭维谄媚（审慎的人不能从家庭和真心朋友构成的谦虚的圈子里获得）——来折磨我们。斯密指出，运气“对人类的道德情感有着巨大的影响”。我们是怀着“喜爱与赞赏”还是“一般性的憎恶和蔑视”来看待某个人，往往取决于其成功与否。宽宏大量也有“过度的自我欣赏”的风险，成功可能会使自我欣赏达到荒唐的地步。就像斯密所举的亚历山大大帝的例子一样，这些人把自己看成神，带着愚蠢的虚荣和傲慢对待其他人（《道德情操论》，250页）。

审慎和宽宏大量都依赖于他人的情感，因为我们对自己的优点的判断来自于他人的同情和赞美。善行的美德让我们想到“我们每个人都可以理解的那种完全的合宜和尽善尽美”。这个想法被融合为公正的旁观者——“人们心中伟大的半人半神、伟大的判官和行为的仲裁者”。这个公正的旁观者的肖像或样子“在每个人心中都被基本准确地画出来了，它的着色……几乎是适合的，它的轮廓……几乎是精准的”（《道德情操论》，247页）。“智慧而具美德”的人能够花更多的时间精准化这一肖像。他没有以表象为傲，而是越来越多地意识到自己的实际行动未能与之匹配。这是因为这个过程使他对不完美的层次更加敏感，而那些不如他的人是无法察觉的。正如斯密所指出的：

> 在所有人文和巧妙的艺术里，如绘画、诗歌、音乐、口才、哲学，伟大的艺术家总能感觉到自己最好的作品的真正不完美之处，他比任何人都更能觉察到它距他理想中的完美有多远——对于他理想中的完美，他已经形成了一些构想，他尽己所能地去模仿自己头脑中的完美构想，却绝望地发现永远无法完全达到。只有低级的艺术家才会对自己的作品完全满意。（《道德情操论》，248页）

读者如果是视觉艺术家的话，可以自行判断这个陈述是否准确。

我们中的其他人更有可能把它与一项斯密可能不认为是艺术的活动联系起来，但只有这个活动可以让大部分读者体会到艺术的要求，这个活动就是烹饪。最好的厨师是其作品的第一个也是最好的评论家，这似乎是老生常谈了。当主人问这顿饭是否因为一些调整而味道没那么好了，感到困惑的客人们很清楚这其实只是一个修辞性提问。主人提出这个问题不是出于对赞美的热爱，也不是为了获得被同情的悲伤，而是基于对食客们可能品尝不出的细微差别的考虑。用“别担心，这比我做的好多了”来安慰这样一位厨师，是全然不得要领的。他不是在和食客们争高低，也不想做“高于平均水准的食物”，而是力求完美。恭维是一种社会习俗（有助于培养感恩），赞美和（对又一次未能达到完美示以）同情的悲伤则既不被需要，也不被渴望。这是对自我的遗忘——在这个自我中至少包含了对他人的关心。自我被超越了。我们中的大部分人都见过在晚宴上做到这种超越的人。斯密并非异想天开。

“智慧而具美德的人”不会轻视那些不如他的人，也不会迎合有钱人和权贵。“他不会扬扬自得，以至于傲慢地瞧不起那些不如他的人。他清楚地知道自己的不完美，知道自己要达到理想中的正直有多困难，所以他不会轻视他人的更加不完美。”（《道德情操论》，248页）这种善行没有“傲慢”和虚荣的倾向，但斯密注意到那些主动参与高风险活动的人有这种倾向，他们高调地炫耀自己为了他人而牺牲自己的利益。

这种善行也没有斯密在斯多葛派学者身上发现的阴沉的骄傲，即柏拉图在第欧根尼践踏他的精美的地毯时所发现的：易怒，不好相处，鄙视尊崇“地位和财富”的行为，“相信自己无比优越”却不愿意“解释自命不凡的理由”（《道德情操论》，255页）。然而，无论由此产生的思想是多么高尚，在斯密看来，第欧根尼式的避世不能作为“忽视哪怕是最轻微的现实责任”的借口（《道德情操论》，237页）。在个人层面上，斯密试图在其朋友休谟的虚荣倾向和卢梭身上明显的骄傲倾向之间找到一个平衡点——斯密的苏格兰朋友艾伦·拉姆齐从他对他们的分别描述中捕捉到了这些倾向。

正如我们所看到的，斯密的道德观念似乎把关于任何“内在”和“真实”的情感生活的研究排除在外。我们一直在表演，随着我们越来越善于接近其他个体的情感状态，我们的演技变得越来越有说服力。这是卢梭对商业社会的控诉的基础：它创造了一个基于假装（即表演）的社会，这个社会“只有虚伪做作的荣誉、友谊、美德，在这里，罪恶往往也是虚伪做作的”，在这个社会，人类“总是在问其他人我们是谁，却不敢问自己”。[4]不过，斯密的智慧而具美德的人似乎可以走出这个虚伪的世界，找到一个安身之所，而不像第欧根尼那样退缩进一个桶里。正如历史学家瑞安·帕特里克·汉利（Ryan Patrick Hanley）所观察到的，审慎、宽宏大量和仁慈的美德可以被理解为环环相扣的“对伦理美德的辩证论述”，每种美德都弥补了另外两种美德的过度或不足。[5]我们可认为这三种美德是在引领我们“向上”，让我们超越自身，更接近神一般的仁慈。但是，把它们看成一个循环，引领我们回到审慎，也许会更有帮助——这不是指我们已有的“冷静的审慎”，而是指斯密所说的“高级的审慎”。

斯密在这里解释了他对“智慧与美德”的偏爱：

明智的行为在用以达成更伟大更崇高的目的，而非个人的健康、财富、地位和声誉时，通常被恰当地称为审慎。我们谈到了伟大的将军、伟大的政治家、伟大的立法者的审慎。在所有这些情况下，审慎是和许多更伟大、更了不起的美德结合在一起的，如英勇的气概、广泛而强烈的仁慈、对正义规则的尊重，所有这些美德都由适度的克己自制支持。当这种高级的审慎达到最高程度的完美时，必然会在每种可能的情况下，以最完美最合宜的方式展现自己的艺术、才能、习惯或性情。理智德性和道德德性都必然达到最高程度的完美。它是最好的头脑与最好的心的结合，它是最完美的智慧与最完美的美德的结合。（《道德情操论》，216页）

"智慧而具美德的人"有着公正的旁观者。

在斯密去世后的两个世纪里，他对美德和正义的观点并没有得到广泛的关注，这在一定程度上影响了主流的政治经济学家将《国富论》和《道德情操论》分开。伦理学家的一个阵营（通常被称为"结果主义论者"）遵循休谟的功利主义路线，根据将"大多数人的最大幸福"最大化的能力来评估行为（正如功利主义者杰里米·边沁［Jeremy Bentham］所说的那样）。正如我们所看到的，斯密认为效用是一种合理化，它揭示的更多的是我们对体系的偏爱，而非我们的动机。另一个阵营将美德置于普遍的、基于理性的道德规则中，这种道德规则指伊曼努尔·康德提出的"义务论"路线。斯密认识到，道德规则远非普遍适用的，而是受习俗甚至时尚的影响，在人类发展的各个阶段有不同的变化。在这里，他采用了描述性而非规范性的方法。然而，在把权威赋予"自然"这个方面，斯密的观点也与康德的不同。这不是"自然权利"的自然，而是植入某些本能和性情的自然：分享情感，“以物易物、物物交换”，试图说服他人等。这些本能和性情是否与理性和效用所暗示的一样，对斯密来说是无关紧要的。在这里，斯密的方法是规范性的，不过习俗和时尚的影响使我们很难准确地判断规范性自然和叙事历史（更好的说法也许是社会学）的起源。

“自然的不规范性”的一个例子会引发我们思考同情和公正的旁观者。想象一下，你不小心撞到了别人，我们的第一反应是立即说“对不起”。但在英国，人们很可能会发现对方也说“对不起”（美国人确实注意到了这个习惯，他们觉得很有趣）。斯密指出，我们（撞人者）向被撞者道歉是不合理的，因为显然我们并不想撞到他们，任何有理智的人都不会把这样的意图强加给我们（斯密假定撞人者没有在一群人里肆意冲撞，那样的话则显示了对在同一条街道上的人们的不尊重）。撞人者道歉的事实表明，“即使是公正的旁观者”也会纵容“另一个人的不公正的怨恨”，即，被撞者的怨恨（《道德情操论》，104页）。在这里，自然引导我们以一种不合理和不公正的方式行事。

这种明显的“自然的不规范性”反映了一个事实：“世界根据结果而非意图做出判断。”康德可能会坚持认为，只有

"意图"才能决定一个行为是正确的还是错误的。斯密认识到"世界"未能以意图为先"在所有的时代都引起了不满，这是对美德的巨大打击"（《道德情操论》，105页）。这种说法可能有些偏激。但斯密坚持认为这种明显的不规范性已经得到解决："当大自然把这不规范性的种子植入人类的心中时，她似乎，和所有其他情况一样，是怀着希望该物种幸福和完美的目的……［如果］情绪、思想、意图成为惩罚的对象……每个法庭都将变成真正的宗教裁判所（《道德情操论》，105页）。"我们的想法可能会把我们送上法庭。事实上，这种"不规范性"能够让我们更加喜欢善行而非仁慈，提醒我们人类是"为行动而生"的。

"不规范性"也教导人们"尊重他的同胞们的幸福"。基于这种"不规范性"，斯密提出了所有人生来就享有的所谓的人格尊严。这是哲学家们有争议的问题。人类"惧怕"伤害他人并因此成为他人怨恨的对象，这就解释了我们撞到某人时并不合理的道歉。这种"惧怕"具有广泛的影响：

> 在古代的异教徒的宗教中，已经被奉献给某位神明的圣地，除非是在庄重且必要的时刻，否则不得入内。违反

的人，即使事先并不知情，从踏上这片圣地的那一刻起，就变成了罪孽深重的［可被指责］之人。在他以适当的方式赎罪之前，那位强大而无形的神明将对他展开报复。因此，通过自然的智慧，每个无辜的人的幸福，都以同样的方式变成加了防护的神圣之地，不准任何其他人进入；在任何情况下都不得肆意侵犯，即使事先并不知情或是非自愿地做出，如若侵犯则需做出与侵害成比例的赔偿。（《道德情操论》，107页）

虽然这并非《道德情操论》第六部分的内容，但这段文字是斯密对此书第六版做的重要补充之一。斯密在早期的版本里浓墨重彩地描述过这种自责，把它描述为“所有能进入人类心灵的情感中的最可怕的一种”。他写道，这种情感的力量反映了把正义作为社会的“主要支柱”的重要性。与之相比，善行只是“装饰”（《道德情操论》，85—86页）。

这种关于人类尊严的观点是否与基督教的“爱你的近人如你自己”的诫命相关呢？正如我们所见，斯密对自我的看法是如此“无私”，他似乎把事情反了过来——“‘爱我们的近人如我们自己’是基督教的诫命，”他指出，“因此只有当我们爱我们的近人时，我们才爱自己，或者换种说法，当我们的近人能够爱我们时，我们才爱自己。这是自然的伟大规则。”（《道德情操论》，25页）基督教认为我们生来自爱且需要被告知以类似的情感对待近人，自然却让我们对近人给予万分的感激，因其促成了我们的自我的形成，而在此之前的自爱是不可能的。这并不是斯密唯一一次用基督教的语言含蓄地挑战基督教的观点。他还写道，“全知全能的造物主”（上帝）引领我们渴望同类的赞美，比渴望来自他的赞美更甚。上帝“使人成为——如果我可以这么说——人类的直接的审判官；在这方面，和许多其他方面一样，上帝仿照自己的形象创造了他，并任命他为自己在地球上的代理人，监督他的同胞们的行为”（《道德情操论》，130页）。

斯密传统地将男性的性别归因于上帝，并将人类描述为“仿照上帝的形象”创造的，但他推迟了神的审判，更确切地说，使它成为我们对不公正做出怨恨反应的一种机能。斯密写道，所有的宗教都有各自的天堂和地狱这一事实，表明这种怨恨是如何追随不公正的，“如果我可以这么说，甚至直到死后。尽管其带来的惩罚并不能阻止没看到也不知道这种惩罚的人犯下类似的罪行”。和普芬道夫及与他同时代的大多数人的观点不同，斯密并不是在声称相信来生不会使今生的行为变得更加道德；他把关于来生的概念解释为实则由“自然”和“宗教”（从人类学的角度来看）强加于我们的一种迷信（《道德情操论》，91页）。

在斯密死后的200年里，他的思想开始和哲学家及那些被称作神经经济学家的人产生了“相关性”。在某种程度上，这些趋势是相互对立的。斯密对心智哲学，以及令我们感到不满（并因此“惩罚”或“奖励”他人）的明显的非理性或非功利主义的方式的兴趣，吸引了那些有意和神经科学家（例如那些探索镜像神经元功能的科学家）合作的经济学家。在这里，斯密对“自然”和“物种”的兴趣远非不利的，而且他对人类社会发展的兴趣吸引了那些把人类行为理解为人类进化的产物的人。不过，这些进展并没有受到哲学家们的欢迎，他们中的许多人担心，传播fMRI图像、谈论“模因”，代表了被雷蒙德·塔里斯（Raymond Tallis）称为“神经狂”和“达尔文主义”的科学主义的过度行为。[6]哲学家们认为，人类意识和人类文化（被马修·阿诺德［Matthew Arnold］称为“能被思考和谈论的最好的东西”）不能用这样的术语来解释，也不应该用来限制我们无限的潜力。

哲学家们对斯密的新兴趣与第三种伦理学方法的复兴有关，这指的是美德伦理：一种探讨道德的品质和行为，而非效用或理性的伦理。斯密关注人类（根据合宜、功绩等标准进行）判断的能力，而非道德的绝对性，以及他对亚里士多德（被认为是这种方法的创始人）的崇拜，显然是哲学家们对他产生这种新兴趣的原因。美德伦理学的当代复兴源于阿拉斯戴尔·麦金太尔（Alasdair MacIntyre）的《追寻美德》（*After Virtue*）（1981年），并在诺贝尔经济学奖得主、哲学家阿玛蒂亚·森（Amartya Sen）的著作中得到了延续。

森的《正义的理念》（*The Idea of Justice*）（2009年）一书在斯密的公正的旁观者的基础上提出了一种达到正义的方法。他将此与约翰·罗尔斯（John Rawls）创造的极具影响力的模型进行了对比，后者认为正义行为来自于在“无知之幕”后的原始状态下做出的对“公正”的判断。根据这个假设性情境，罗尔斯设想一群人开会来决定社会经济结构，且完全不考虑他们的年龄、性别、技能、智力、宗教、种族和财富。在这种情况下，他们将建立一个怎样的社会？他们会针对某个特定的问题做出什么样的决定呢？尽管罗尔斯在他里程碑式的作品《正义论》（*A Theory of Justice*）（1971年）中引用了斯密的观点，森指出罗尔斯的“幕”和斯密的公正的旁观者有着重要的不同，他认为后者为如何创造公平的世界秩序提供了更有帮助的决定基础。森认为罗尔斯属于传统的“先验制度主义”，该主义可追溯到霍布斯、洛克、卢梭和康德，他们关注的是完美的正义是什么样子的，并致力于“使社会制度变得正确”，而不是考虑“最终会出现的现实社会”。

森声称，斯密遵循一种“着眼于现实的比较”的方法，关注“实际的制度、实际的行为和其他影响”，倾向于比较多个现有或可行的社会。[7]在斯密的基础上，森对于如何最好地服务于“正义事业”提出了许多观点：不需要有一个完美正义的概念来决定这个或那个措施能否促进正义；公平的概念出现在人们可能发展的所有的正义原则之前；在应对全球性挑战方面，斯密的“开放”的公正性（公正的旁观者并不一定属于谨小慎微的那类人）比罗尔斯的“封闭”的公正性更为有效。[8]

这里不是要对森和罗尔斯做出评判。然而，显而易见的是，斯密未能使用社会契约的术语且不愿构想一套理想的社会制度，现在都被视为优势而非劣势。[9]罗尔斯的无知之幕或许具有智能上的复杂性和精巧，但它对我们的生活体验来说却是陌生的。我们怎么能把自己想象成深思熟虑且无实体的人类，同时又与尚未建立的理想社区里的与我们同样虚拟的成员相关呢？诚然，斯密的公正的旁观者代表了一种令人生畏的理想，但斯密将达到这一目标的方法告诉了我们——一部分通过我们的内在动机，一部分通过自我道德修养的过程。和罗尔斯对我们要求的神奇的飞跃不同，这里没有想象力的戏剧性飞跃。

那么，斯密理论中的无实体部分——那著名的“看不见的手”又是被怎么看待的呢？艾玛·罗斯柴尔德（Emma Rothschild）认为这是一种“讽刺，……暗示了掌控一切的天命的存在”，然而“从非讽刺的角度来看，它暗示了无需设计也可实现秩序，暗示了社会不需要看穿一切的君主也可实现繁荣”。和斯密的实用主义系统一样，它是一种有力的说服手段，罗斯柴尔德说它是一种“小玩意儿”。[10]正如她所指出的，采用“看不见的手的解释”的风险是不理解这个笑话的风险，而且它再现了对人类社会的伟大委员会的个人动机的蔑视态度，这种委员会是斯密意图讽刺的。如果自由市场经济引领世界走向繁荣，同时把个人从极度依赖中解放出来，那么这将归功于“财富的普遍增长”，斯密以环环相扣的本能和欲望对其进行了解释，而这些是“看不见的手”没有完全捕捉到的。

然而，财富的增长不是没有限度的，一个国家必然会在某个时刻达到“财富的极限”。斯密说，这个节点对不同的国家来说可能是不一样的。一个国家吸收资本并使其发挥作用的程度，与其“法律和制度”有关。经济问题不能脱离对社会的全面考虑，甚至不能脱离对社会风尚的考虑。为了证明这一点，斯密对比了两个在当时截然不同的国家：荷兰，一个不安分的共和国，常常面临被海水吞没的危险，但它的船队规模巨大、纵横世界；中国，一个广阔的农业帝国，被普遍认为是平静和幸福的（法国的启蒙运动者非常欣赏孔子）。

与荷兰不同的是，中国是“一个忽视或轻视对外贸易的国家”。在这里，“穷人或少量资本持有者”享有的安全比“富人或大量资本持有者”要少得多，他们被官僚们“在正义的伪装下”“强加掠夺”（《国富论》，112—113页）。由于这种“压迫”，富人可以垄断所有的贸易，并享受高达12%的资本利息。这个数字使斯密得出结论，中国已经达到了“它的法律和制度所允许的财富的极限”（《国富论》，111页）。

对斯密来说，荷兰证明了一个“法律和制度”允许其吸收大量资本的社会的优势。这里的利率只有3%，远低于中国；它是如此之低，以至于没人能以这样的利率出借资本，然后用收到的利息养活自己。

> 在一个财富达到极限、每个行业的资本都达到极限的国家，普通纯利润率会很低，所以这种利润能够负担的普通市场利率也很低，低到只有非常富的人才能够靠资本收益生活，小有产者和中等有产者则不得不监督自己的资本的使用。几乎每个人都有必要成为商人，或者从事某种贸易。荷兰的状态似乎与此接近。在那里，不从商的人是不时髦的。需求使之成为一种普遍做法，几乎每个人都这样做，而各地都存在的习惯形成了整个国家的社会风尚。不像其他人那样有工作可做，在某种程度上，就像不穿衣服一样荒谬。游手好闲的人在商人中间，就像文职人员到了营地或军队里一样不自在，甚至会被人看不起。（《国富论》，113页）

斯密说，在荷兰，即使是无产者，经济状况也比较好，因为其工资比英格兰的要高。但是，很少有荷兰商人愿意承认贸易正在蓬勃发展。像往常一样，商人们向所有愿意倾听经济形势如何严峻的政治家们抱怨——“当利润减少时，商人们往往会抱怨经济的衰退，尽管利润的减少其实是经济繁荣的自然结果。”所有的“迹象”都指向同一个结论：“没有普遍的衰退”（《国富论》，108页）。虽然马克思认为资本主义导致社会分化成占少数的食利阶层和占大多数的劳动者阶层，斯密称，在有“法律和制度”的地方，没人会被允许无所事事。甚至没人想要显得无所事事。

至于资本之间的竞争为什么还没有导致这样一种状态，斯密可能很难做出让我们满意的回答。他应该会对股份公司比“私人合伙公司”盛行的现象感到沮丧。斯密在《国富论》中指出，“这种省事又能避免高于一定金额的损失的优势，促使许多人投资股份公司”，这些人永远不会冒险创立自己的私人公司（《国富论》，741页）。除了银行、保险、基础设施和公用事业这些合理地需要大量资金，而且所有业务“都能被简化为常规”的行业，斯密反对成立股份公司（《国富论》，756页）。18世纪臭名昭著的英国股份公司，如南海公司和东印度公司带来的痛苦，令人们对股份公司没有多大的信心。然而，今天的世界经济正是由这些公司主导，这在很大程度上要归功于维多利亚时代发明的有限责任，它降低了个人投资者的风险。

斯密还可能指出，尽管当今世界已形成全球化热潮，但

“贸易自由” 在许多方面远远没有实现。即使在他的祖国，他也不抱太大的希望能亲眼看到它的实现。他在《国富论》中指出，“期望贸易自由能在英国完全恢复，就像期望能在英国建立一个乌托邦一样荒谬”（《国富论》，471页）。重商主义对政府的游说本身已经变成了一种交易，微调着欧盟和美国的农业及其他特权部门享有的巨额“奖励金”，尤其是在美国，它已经破坏了这里的整个政治体系。在其他地方，从巴西到俄罗斯，国家资本主义的混合经济体制催生了一个新的官僚阶层，他们压迫着以党派或宫廷为核心的赞助人以外的人，剥夺他们的安全感，使其无法安心地通过更审慎的商业活动来实现富裕。

经济学家托马斯·皮凯蒂（Thomas Piketty）的里程碑式著作《21世纪资本论》（*Capital in the Twenty-first Century*）于2013年在法国出版首版。在这本书中，他承认，资本之间的竞争会降低回报率——但只是从长远来看，而且是在没有其他地方可以投资资本的时候。皮凯蒂的分析是基于这样一种观察：几个世纪以来，“资本回报率总是比产出（和收入）增长率高出至少10到20倍”。[11]两次世界大战和战后的通货膨胀没有开创资本主义的新时代，见证通货膨胀和“人力资本”的崛起摧毁食利阶层，而是将其与其他基本常数掩盖，回到简·奥斯汀的小说中常见的19世纪早期的风格，即由继承和婚姻，而非由个人技能和创业精神来决定一个人的财富。在19世纪早期，全球前10%的人占有80%的财富，而前1%的人占有55%的财富。

凭借其特有的敏锐性，戈登·盖柯在1987年就注意到了事情发展的趋势：

> 这个国家最富有的1%的人掌握着国家半数的财富——5万亿美元。其中三分之一来自努力工作，三分之二来自寡妇和白痴儿子享受的遗产和复利，以及我所做的——股票和房地产投机。这很荒唐。90%的美国公众只有很少的净资产或压根没有。我什么也没创造，但我拥有。

皮凯蒂的数据，如果说有什么区别的话，那就是令盖柯对资本积累的估计显得很保守。1977年以后的几十年里，美国经济的增长使所有的船只都漂浮在水面上，但是一些船只比其他船只要漂得高得多。最富有的1%的人积累了巨额财富，占国民收入增长的60%；底层的90%的人的收入也有增长，但每年仅增加不到0.5%。[12]这些食利者并没有根据“莫迪利安尼三角”模型，在中年时增加储蓄以留待退休后使用，却在离世时空无一物，而是依靠资本所获得的收入享受很好的生活，把剩下的钱再投资，以留给他们的继承人。

多亏了避税天堂和极好的投资建议，巨额资本持有者缴纳的税款降低了很多，而其投资回报率则比其他人的高得多。资本越大，资本回报率就越高。皮凯蒂以美国大学（与超级富豪不同，这些机构必须发布它们的捐赠基金的数据）为例说明这一点：在过去的30年里，3笔数额最大的大学捐赠基金的年均回报率高达10.2%，而498所大学的不到1亿美元的捐赠基金的年回报率只有6.2%。[13]本书作者的银行目前提供的“诱人的”年回报率只有1.3%。

皮凯蒂担心，如果放任不管，这种收入不平等可能会达到一个临界点，那时，要么社会崩溃，要么政府采取资本管制和其他手段来重新引入保护主义。他指出，“不平等本身并不一定是一件坏事，关键问题是要决定它是否合理，是否有理由这样做”。[14]皮凯蒂提出了一些我们可以采取的实际措施来解决这些问题，但是只注重钱和所有权不可避免地会遗漏许多其他的更难以量化的因素，可以说，这些因素很大地影响了我们在哪里看到不平等、我们如何看待不平等、我们对不平等的感觉如何，以及这些感觉如何引导我们以特定的方式行动或表决。然而，对于“经济学”这门学科来说，皮凯蒂再一次证明了知识潮流正以斯密的方式运行。确实，皮凯蒂更喜欢“政治经济学”的“老式”标签，他说，它传达了“唯一能将经济学与其他社会科学区分开来的东西：政治、规范和道德目的”。[15]他为与其他社会科学家，以及哲学家和神经科学家的跨学科讨论提供了充足的素材。斯密的作品对这种讨论给出了许多可能的走向，并提醒我们要对任何给出百分百确定意见的人持怀疑态度。

毕竟，“财富的增长”和人类社会的发展是我们永远无法完全领悟或理解的过程，更不要说控制了。斯密认为这是人类潜在的适应能力的证据，而非焦虑的根源。人类社会在许多不同的时代和许多不同的地方演变出了许多不同的形式，而没有陷入混乱。

> 因此，只有在社会中才能生存的人，天生就适合他所处的环境。人类社会的所有成员都需要彼此的帮助，同时也面临着彼此的伤害。当提供必要的帮助是出于对彼此的

爱、感激、友谊和尊重时，社会就会繁荣幸福。所有不同的社会成员都被美好的爱和情感的纽带联系在一起，仿佛被引向一个互释善意的公共中心。但是，即使必要的帮助不是出于如此慷慨和无私的动机，即使不同的社会成员间没有相互的爱和情感，社会可能不那么快乐和幸福，却不一定会分崩离析。社会仍可存在于不同的人之间，例如在不同的商人之间存有由他们对效用的共识维系着的、没有任何相互的爱或情感的社会；尽管在这个社会里，没有人需要承担任何义务，也无需对他人心存感激，但仍可以根据协定的价值，进行一种唯利是图的交易以维持社会的运转。（《道德情操论》，85—86页）

斯密去世后，人们以为他是鼓励这种“唯利是图的交易”的。多亏了对《道德情操论》的兴趣的恢复，以及在神经科学、经济学和哲学领域的近些年的研究，我们才能认识到，斯密实际上认为这个理性的世界是次优的。有了斯密的头脑、心灵和手，我们可以重新调整自我，朝着这个“公共中心”努力。

参考书目

引言

1. 唐纳德·温奇（Donald Winch），《达尔文跻身政治经济学家之列》，载于《美国哲学学会会刊》（*Proceedings of the American Philosophical Society*）第145期 415—437页，2001年。
2. 伊曼努尔·康德，《对“什么是启蒙运动”的回答》，载于《实用哲学》（*Practical Philosophy*）11—22页，玛丽·J. 格雷戈（Mary J.Gregor）编辑和翻译，剑桥，1996年。见于www.marxists.org网站（访问日期：2015年5月27日）。
3. 小查尔斯·L.格里斯沃尔德（Charles L.Griswold Jr），《亚当·斯密与启蒙的美德》（*Adam Smith and the Virtues of Enlightenment*）2页，剑桥，1999年。
4. 对于此处引用的1356年和1497年的规章，见于巴巴拉·梅格森（Barbara Megson）的《制针匠和卖线者的书，1462—1511年》（*The Pinners'and Wiresellers' Book，1462–1511*），伦敦，2009年。

5. 第欧根尼·拉尔修（Diogenes Laertius），《名哲言行录》（*Lives of Eminent Philosophers*）（两卷本）26页，R.D.希克斯（R.D. Hicks）编辑和翻译，伦敦，1925年。
6. 杜格尔德·斯图尔特，《亚当·斯密传》（*Biographical Memoirs of Adam Smith*），爱丁堡，1877年。
7. 转引自A.L.麦克菲（A.L.Macfie）和 D.D.拉斐尔（D.D.Raphael）的《引言》，《道德情操论》28页。

第一章　自然的舞台，1723—1750 年

1. 亚历克斯·J.沃登（Alex J.Warden），《亚麻贸易》（*The Linen Trade*）480页，伦敦，1864年。
2. E.G.韦斯特（E.G.West），《亚当·斯密和他的著作》（*Adam Smith: The Man and his Works*）35页，印第安纳波利斯，1976年。
3. 塞缪尔·普芬道夫，《自然法则下人的全部职责》（*The Whole Duty of Man According to the Law of Nature*），伊恩·亨特（Ian Hunter）和大卫·桑德斯（David Saunders）编辑，安德鲁·图克（Andrew Tooke）翻译，第一册第四章第九部分，印第安纳波利斯，2003年。
4. 弗兰西斯·哈奇森，《人性论》（*On Human Nature*）131页，托马斯·莫特纳（Thomas Mautner）编辑，剑桥，1993年。
5. 弗兰西斯·哈奇森，《论激情和感情的本性与表现以及对道德感官的阐明》（*An Essay on the Nature and Conduct of the*

Passions and Affections, with Illustrations on the Moral Sense）17页，亚伦·加勒特（Aaron Garrett）编辑，印第安纳波利斯，2002年。

6. 弗兰西斯·哈奇森，《人性论》（*On Human Nature*），105页。
7. 同上，136页。
8. 德尼·狄德罗（Denis Diderot），《理查森赞》（*Eloge de Richardson*），最初登载于《外国杂志》（*Journal étranger*）1762年1月，见于《艺术与文学作品选》（*Selected Writings on Art and Literature*），杰弗里·布雷姆纳（Geoffrey Bremner）翻译，伦敦，1994年。
9. 大卫·休谟，《人性论》261页，大卫·菲特·诺顿（David Fate Norton）和玛丽·J.诺顿（Mary J.Norton）编辑，牛津，2000年。
10. 休谟于1739年9月17日写给哈奇森的信，见于 J.Y.T.格雷格（J.Y.T.Greig）的《大卫·休谟的信》（*The Letters of David Hume*）第一卷32页，牛津，1932年。
11. 同上，206页。
12. 同上，266页。
13. 同上，203页。
14. 同上，321、370页。
15. 转引自尼古拉斯·菲利普森（Nicholas Phillipson），《亚当·斯密：开明的一生》（*Adam Smith: An Enlightened Life*）104页，伦敦，2011年。
16. 转引同上，85页。

第二章　旁观者和同情，1751—1763 年

1. 伊恩·坎贝尔·罗斯（Ian Campbell Ross），《亚当·斯密的生活》（*The Life of Adam Smith*）118页，牛津，1995年。
2. 同上，194页。
3. 拉尔夫·S.沃克（Ralph S.Walker）编辑，《詹姆斯·博斯韦尔与约翰·詹斯顿的通信集》，（*Correspondence of James Boswell and John Johnston of Grange*）7页，美国，1966年。
4. 约翰·雷（John Rae），《亚当·斯密的生活》（*Life of Adam Smith*）36页，伦敦，1895年。
5. 转引自尼古拉斯·菲利普森的《亚当·斯密：开明的一生》132—133页，伦敦，2011年。
6. 班姆巴·贾比（Mbemba Jabbi）、马特·斯沃特（Marte Swart）和克里斯琴·凯塞斯（Christian Keysers），《对味觉皮层的积极和消极情感的同情》（*Empathy for Positive and Negative Emotions in the Gustatory Cortex*），载于《神经影像》（*NeuroImage*）第三十四期，1744—1753页，2007年。
7. 大卫·休谟，《人性论》309页，大卫·菲特·诺顿（David Fate Norton）和玛丽·J.诺顿（Mary J.Norton）编辑，牛津，2000年。
8. 对“平和”（compose）的解释的第3条的17a，《牛津英语大词典》，见于www.oed.com（访问日期：2015年1月19日）。
9. 乌尔里希·瓦格纳（Ullrich Wagner）等人，《美丽的友谊：情感的社会分享改善了主观感受，并激活了神经奖赏回路》

（*Beautiful Friendship: Social Sharing of Emotions Improves Subjective Feelings and Activates the Neural Reward Circuitry*），载于《社会认知与情感神经科学》（*Social Cognitive and Affective Neuroscience*），2014年。

10.对“平和”（compose）的解释的第1条的3和4，《牛津英语大词典》，见于www.oed.com（访问日期：2015年1月19日）。

11.休谟，《人性论》，384页。

第三章　贸易地位，1764—1766 年

1. 伊恩·坎贝尔·罗斯，《教育一个十八世纪的公爵》（*Educating an Eighteenth-century Duke*），见于《苏格兰的传统：R.G.坎特的纪念文集》（*The Scottish Tradition: Essays in Honour of R.G.Cant*）185页，G.W.S.巴罗（G.W.S.Barrow）编辑，爱丁堡，1974年。
2. 尼古拉斯·菲利普森，《亚当·斯密：开明的一生》183页，伦敦，2011年。
3. 伊恩·坎贝尔·罗斯，《亚当·斯密的生活》200页，牛津，1995年。
4. 参看史蒂文·L.卡普兰（Steven L.Kaplan）的《路易十五统治时期的面包、政治和政治经济》，（*Bread, Politics and Political Economy in the Reign of Louis XV*），海牙，1976年。
5. 让-雅克·卢梭，《社会契约论》（*The Social Contract and*

Discourses）70页，G.D.H.科尔（G.D.H.Cole）翻译，伦敦，1973年。

6. 同上，84页。
7. 同上，92页。

第四章　黄金梦，1767—1775 年

1. 转引自布瑞恩·博尼曼（Brian Bonnyman）的《巴克勒三世公爵与亚当·斯密：启蒙运动时期苏格兰的遗产管理与改善》（*The Third Duke of Buccleuch and Adam Smith: Estate Management and Improvement in Enlightenment Scotland*）126页，爱丁堡，2014年。
2. 参看亨利·汉密尔顿（Henry Hamilton）的《1772年埃尔银行的失败》（*The Failure of the Ayr Bank, 1772*），载于《经济史回顾》（*Economic History Review*）405—417页，1956年。
3. 布瑞恩·博尼曼，《巴克勒三世公爵》（*The Third Duke of Buccleuch*）80—81页。
4. 伊恩·坎贝尔·罗斯，《亚当·斯密的生活》284页，牛津，1995年。

第五章　政府机器，1776—1789 年

1. 努德·哈孔森，《立法者的科学：大卫休谟和亚当·斯密的自然

法学》（*The Science of Legislator: The Natural Jurisprudence of David Hume and Adam Smith*）118页，剑桥，1981年。

2. 卡尔·马克思，《1844年经济学哲学手稿》（*Economic and Philosophic Manuscripts of 1844*）63页，马丁·穆列根（Martin Mulligan）翻译，莫斯科，1959年。

结论 头脑、心灵和手，1790 年

1. 基恩·M.特吉（Jean M.Twenge）和W.凯文·坎贝尔（W.Kevin Campbell），《自恋的流行：生活在有权利的时代》（*The Narcissism Epidemic: Living in the Age of Entitlement*）13页，纽约，2009年。也可参看基恩·M.特吉和蒂姆·卡塞（Tim Kasser）的《1976—2007年唯物主义和工作中心主义的世代变化：与社会不安全的时间变化和唯物主义角色模型的相关》（*Generational Changes in Materialism and Work Centrality, 1976–2007: Associations with Temporal Changes in Societal Insecurity and Materialistic Role Modeling*），载于《人格与社会心理学公报》（*Personality and Social Psychology Bulletin*）第三十九期883—897页，2013年7月。
2. 对“politic”的解释的第2条的a，《牛津英语大词典》，见于www.oed.com（访问日期：2015年1月28日）。
3. 对“宽宏大量”（magnanimity）的解释，同上。
4. 让-雅克·卢梭，《社会契约论》116页，G.D.H.科尔（G.D.H.

Cole）翻译，伦敦，1973年。
5. 瑞安·帕特里克·汉利，《亚当·斯密与美德的特点》（*Adam Smith and the Character of Virtue*）163页，剑桥，2009年。
6. 雷蒙德·塔里斯，《模仿人类：神经性狂热、达尔文主义以及对人性的误解》（*Aping Mankind: Neuromania，Darwinitis and the Misrepresentation of Humanity*），伦敦，2011年。
7. 阿玛蒂亚·森，《正义的理念》6—7页，伦敦，2009年。
8. 同上，ix、81、123页。
9. 不同的观点可参看D.D.拉斐尔（D.D.Raphael），《公正的旁观者：亚当·斯密的道德哲学》（*The Impartial Spectator: Adam Smith's Moral Philosophy*）31、48页，牛津，2007年。
10.艾玛·罗斯柴尔德，《经济情感：亚当·斯密、孔多塞和启蒙运动》（*Economic Sentiments: Adam Smith，Condorcet，and the Enlightenment*）135页（关于"讽刺"）和137 页（关于"小玩意儿"），剑桥，2001年。
11.托马斯·皮凯蒂《21世纪资本论》353、366页，亚瑟·戈登哈默（Arthur Goldhammer）翻译，剑桥，2014年。
12.同上，344（数据10.3）、297页。
13.同上，448页（表12.2）。
14.同上，19页。
15.同上，574页。

延伸阅读

《亚当·斯密的作品和书信（格拉斯哥版）》中的所有内容，包括原始笔记、工具和优秀的介绍性文章都可以在自由基金出版社出版的廉价平装书中找到。在亨利·C.克拉克（Henry C. Clark）编辑的《商业、文化和自由：在亚当·斯密之前的关于资本主义的作品》（*Commerce, Culture and Liberty: Readings on Capitalism before Adam Smith*）（印第安纳波利斯，2003年）一书中，收录了17世纪和18世纪关于重商主义、奢侈品、贸易及相关话题的法国、荷兰和英格兰的文本，这些内容会是有用的。还可以在自由基金出版社找到哈奇森、休谟，甚至凯姆斯的学术著作的低价版本。

尽管E.G.韦斯特的《亚当·斯密和他的著作》和伊恩·坎贝尔·罗斯的《亚当·斯密的生活》仍是有益而有趣的读本，但斯密传记的最佳版本是尼古拉斯·菲利普森的《亚当·斯密：开明的一生》。对斯密与巴克勒公爵以及苏格兰农业改良运动的关系感兴趣的人也许会对布瑞恩·博尼曼的《巴克勒三世公爵与亚当·斯密》感兴趣，而好奇斯密在我们的时代可能会做些什么的人应该会喜欢乔纳森·B.怀特（Jonathan B. Wight）的《拯救亚当·斯密：关于财富、改革和美德的故事》（*Saving Adam Smith: A Tale of Wealth, Transformation and Virtue*）（伦敦，2002年），它给予我们的英雄发人深省的二次出场。

努德·哈孔森的《剑桥指南：亚当·斯密》（*The Cambridge Companion to Adam Smith*）（剑桥，2006年）用通俗易懂的文字全面地介绍了斯密的思想，包括他的修辞、美学和认识论。伊斯特万·洪特（Istvan Hont）和迈克尔·伊格纳蒂夫（Michael Ignatieff）所写的关于《国富论》里的需求和正义的文章，以及《财富与美德：政治经济学在苏格兰启蒙运动中的形成》（*Wealth and Virtue: the Shaping of Political Economy in the Scottish Enlightenment*）（剑桥，1983年）一书里的关于苏格兰经济与苏格兰学术文化的文章，至今仍未被超越。自那以后，从大量的二次文献中推荐作品就变得有些个人和片面了。不过，若你是经济系学生，想看到对《道德情操论》和令斯密与马克思、穆勒（Mill）以及芝加哥学派比肩的《国富论》的既通俗易懂又细致入微的全面介绍，我强烈推荐杰里·埃文斯基（Jerry Evensky）的《亚当·斯密的道德哲学：关于市场、法律、伦理和文化的历史与当代视角》（*Adam Smith's Moral Philosophy: A Historical and Contemporary Perspective on Markets, Law, Ethics and Culture*）（剑桥，2005年）。哲学系学生更感兴趣的可能是小查尔斯·L.格里斯沃尔德的《亚当·斯密与启蒙的美德》和瑞安·帕特里克·汉利的《亚当·斯密与美德的特点》，我认为这两本书对《道德情操论》重要的第六部分的描述是很有启发性的。D.D.拉斐尔的《公正的旁观者：亚当·斯密的道德哲学》较有难度，但是对于那些倾向于掩盖对斯密的旁观者理论的争议的人来说，这本书会是一个有益的提醒。

虽然只有几处提及斯密，彼得·N.米勒（Peter N. Miller）的《共同利益的定义：18世纪英国的帝国、宗教和哲学》（*Defining the Common Good: Empire, Religion and Philosophy in Eighteenth-century Britain*）（剑桥，1994年）一书为斯密关于宗教宽容和帝国的思想提供了背景，在我们关注美德伦理的同时，这两个方面可能会越来越边缘化。唐纳德·温奇的《亚当·斯密的政治：历史编纂中的一篇文章》（*Adam Smith's Politics: An Essay in Historiographical*

Revision）（剑桥，1978年）的第二章和第三章是有用的，但当把斯密和他同时代的人对英国“混合宪政”的讨论进行比较时，仍存有一些不足。马克赛因·伯格（Maxine Berg）的《18世纪英国的奢华和娱乐》（*Luxury and Pleasure in Eighteenth-century Britain*）（牛津，2005年）用斯密那有名的“无聊的小玩意儿”所代表的物质文化，将人们熟悉的对乔治王朝时代的制造业和工业化的描述，与不那么为人熟知但有说服力的对基于“波普奢华风格”（populuxe）商品的新兴消费文化的描述联系起来。

想了解斯密和休谟的思想，以及斯密和卢梭的思想之间的关系，请参看哈孔森的《立法者的科学：大卫·休谟和亚当·斯密的自然法学》及丹尼斯·C.拉斯穆森（Dennis C. Rasmussen）的《商业社会的问题：亚当·斯密对卢梭的回应》（*The Problems of Commercial Society: Adam Smith's Response to Rousseau*）（费城，2008年）。对斯密思想的经典性感兴趣的人可以参看格洛丽亚·维文扎（Gloria Vivenza）的《亚当·斯密与经典：亚当·斯密思想中的经典遗产》（*Adam Smith and the Classics: The Classical Heritage in Adam Smith's Thought*）（牛津，2001年）。

鸣　谢

我第一次深度接触斯密的思想是在剑桥大学读博士的时候，在很大程度上要归功于我与我的朋友乌尔里希·亚当（Ulrich Adam）的讨论，他给了我很多启发。后来，在我的学生彼得·布雷利（Peter Brealey）的帮助下，我萌生了为历史系的本科生简要介绍亚当·斯密的作品的想法并将其写了下来。虽然把它改编成传记的话需要彻底重写，但我们之前的讨论不可避免地谈到了这些，我非常感谢彼得。在南安普顿大学教授HIST3142和HIST3146（即“情感和利润”）课程时，在这长达一年的时间里我浸润在亚当·斯密的世界中，我要感谢的学生有钦根·安德森（Chingun Anderson）、提姆·古德休（Tim Goodhew）、保罗·希普韦尔（Paul Hipwell）、保利娜·雅各贝克（Paulina Jacubek）、乔治·莱格（George Legg）、斯科特·麦考（Scott McCaw）、柯蒂斯·麦克林奇（Curtis McGlinchey）、道格·麦基（Doug Mackie）、利奥·希普（Leo Shipp）和爱丽丝·特里奇（Alice Trickey），他们的参与使我们的研讨会成为我教学生涯中迄今为止最有意义的一次经历。

在一所法国商学院教授关于斯密的课程，是一段不同但同样令人难忘的经历。尽管过去几年在昂热高等商学院（ESSCA）教授经济理论和全球化课程时组织的研讨会比较精简，也较少从历史的角度去探讨一些问题，但我很感谢ESSCA的托马斯·霍伯（Thomas Hoerber）给予我机会在昂热和巴黎教授关于斯密的课程。最后，我要感谢本·海因斯（Ben Hayes）邀请我参与"关键生活"（Critical Lives）丛书的编写，并感谢他勇敢地同意我写斯密，而他真正想让我写的其实是达尔文。

图片鸣谢

作者和出版商希望对下面的图片材料的来源和/或其复制权表示感谢。

©大英博物馆受托人，伦敦：第20页、第29页、第35页、第43页、第60页，第68页、第80页、第84页、第92页、第103页、第116页、第120页、第125页、第129页、第133页、第161页、第171页、第205页。洛杉矶艺术博物馆，www.lacma.org：第8页。大都会博物馆，纽约：第5页、第16页、第25页、第90页，第136页、第142页、第182页、第196页，第213页、第217页，第220页。苏格兰国家图书馆，爱丁堡：第51页。国家肖像馆，伦敦：第38页。苏格兰皇家银行档案馆：第158页。